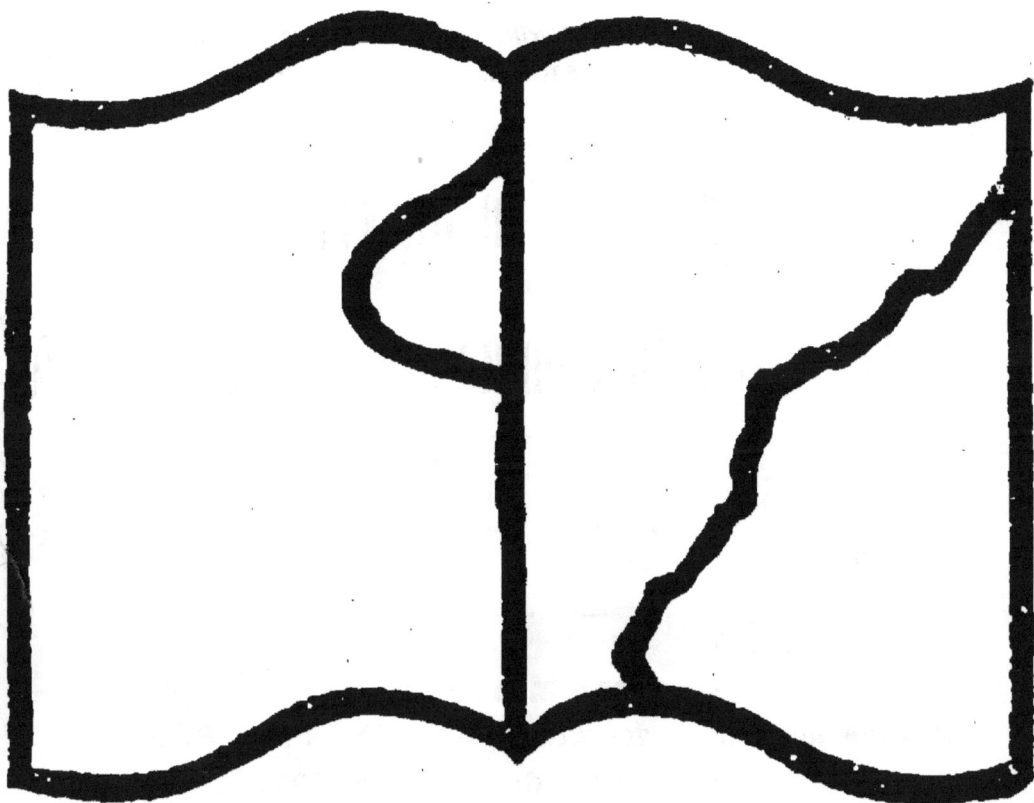

LE FOYER DU PEUPLE

Cité Populaire des Travailleurs Marseillais

INSTITUTION D'ÉDUCATION SOCIALE

FONDÉE EN 1899

Correspondance et Renseignements : 18, Rue Jeune-Anacharsis

MARSEILLE

L'Organisation du Travail

Les Employés du Commerce et de l'Industrie

La Réforme des Usages marseillais

MÉMOIRE

présenté au Conseil des Etudes du *FOYER DU PEUPLE*

dans sa séance du 20 Juillet 1901

PAR

EMILE ROUBAUD

Secrétaire

MARSEILLE
LIBRAIRIE FLAMMARION,
H. AUBERTIN et G. ROLE
34, Rue Paradis
—
1901

L'Organisation du Travail
Les Employés du Commerce et de l'Industrie
La Réforme des Usages marseillais

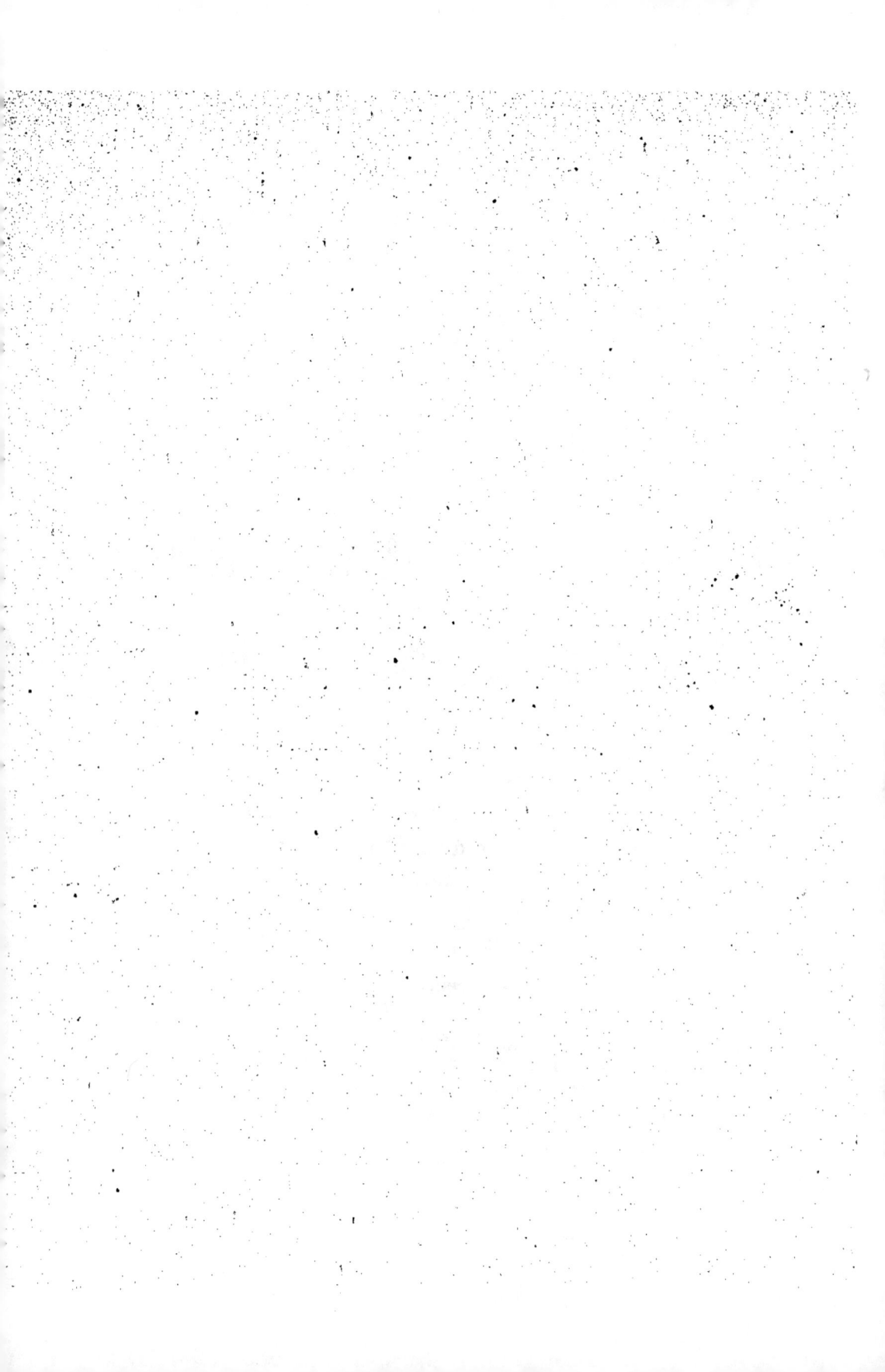

LE FOYER DU PEUPLE

Université Populaire des Travailleurs Marseillais

INSTITUTION D'ÉDUCATION SOCIALE

FONDÉE EN 1899

Correspondance et Renseignements : 18, Rue Jeune-Anacharsis

MARSEILLE

L'Organisation du Travail

Les Employés du Commerce et de l'Industrie

La Réforme des Usages marseillais

MÉMOIRE

présenté au Conseil des Etudes du *FOYER DU PEUPLE*

dans sa séance du 20 Juillet 1901

PAR

Emile ROUBAUD

Secrétaire

MARSEILLE

LIBRAIRIE FLAMMARION

H. AUBERTIN et G. ROLÉ

34, Rue Paradis

1901

MÉMOIRE

LE FOYER DU PEUPLE

Université Populaire des Travailleurs Marseillais

~~~~~~

Séance du Conseil des Etudes
du 20 Juillet 1901

———

Le camarade Emile Roubaud, secrétaire du *Foyer du Peuple*, au nom du Conseil des Etudes, donne lecture d'un Mémoire ayant pour titre : *L'Organisation du Travail, les Employés de Commerce et de l'Industrie, la Réforme des Usages marseillais.*

Messieurs et chers Camarades,

Par une lettre circulaire en date du 13 juillet 1901, la Société pour la Défense du Commerce de Marseille demandait aux Syndicats patronaux avec lesquels elle est en relation, si leurs adhérents accepteraient une proposition de réforme, émanant de l'Union des

Banquiers de Marseille et du Midi, relativement à un projet de fermeture de leurs bureaux à six heures du soir pendant l'été.

En témoignant de sa sympathie pour le projet qu'elle communiquait à l'examen de ses correspondants, la Société pour la Défense du Commerce exprimait le désir, que les dispositions proposées en particulier pour les maisons de banque, fussent étendues et généralisées à tous les établissements commerciaux et industriels.

La consultation à laquelle la Société pour la Défense du Commerce conviait les Syndicats patronaux ayant reçu une grande publicité par la presse quotidienne et hebdomadaire, les camarades de l'Université populaire : *Le Foyer du Peuple*, y ont reconnu une des questions sociales qu'ils avaient à l'examen depuis plusieurs années. La consultation provoquée par la Société pour la Défense du Commerce ayant un caractère de transformation radicale des vieux usages marseillais, son importance s'imposait à l'attention du Conseil des Études, chargé de préparer les travaux du *Foyer du Peuple*. Il fut décidé en séance qu'un mémoire serait rédigé pour examiner la question, sinon sur toutes ses faces, au moins sur les points sommaires les plus saillants.

Afin que les documents recueillis, les jugements émis et les témoignages reçus puissent être discutés dans leur détail, soit par les assemblées délibérantes, soit par les personnes qui s'y intéressent, puis critiqués selon la nature des considérations présentées, le mémoire sur : *L'Organisation du Travail, les Employés du Commerce et de l'Industrie, la Réforme des Usages marseillais,* est subdivisé en cinq parties, selon les désignations suivantes :

1. — Les Employés et les Usages marseillais.

2. — Les Ouvriers et les Unions syndicales.

3. — Les Employés et les modifications sur l'Organisation du Travail.

4. — Les tentatives infructueuses ayant pour objet la diminution des heures de travail. — Les causes d'insuccès.

5. — Les propositions de l'Union des Banquiers et de la Société pour la Défense du Commerce. — Les réponses des Syndicats patronaux et des Syndicats ouvriers.

Pour donner plus d'autorité aux propositions

développées dans le mémoire soumis à l'examen du public, un certain nombre d'Annexes lui ont été adjointes. Ces annexes, destinées à servir de pièces justificatives, proviennent des archives, de la correspondance et de la bibliothèque de l'Université populaire : *Le Foyer du Peuple.*

Les Annexes qui accompagnent cette étude sur un *Projet de Réforme des Usages marseillais,* se réfèrent à des renseignements sur la nature de l'institution d'éducation sociale, désignée sous le nom de *Foyer du Peuple ;* sur sa fondation ; sur ses relations avec les différentes Sociétés d'enseignement et d'éducation populaires ; sur les travaux antérieurs dans les Congrès, et les diverses phases par lesquelles ont passé les discussions précédentes, avant d'acquérir l'importance qu'elles possèdent actuellement.

I

Les Employés
et les Usages marseillais

Les employés en général, ceux de l'industrie comme ceux du commerce, sont des travailleurs importants, bien que de situations très modestes. Leurs services sont parfois méconnus, souvent peu appréciés, quelquefois même considérés avec dédain. Par la nature de leur rôle d'intermédiaires entre les patrons et la main-d'œuvre et aussi entre la pensée créatrice et la clientèle, les employés en principe, occupent une position sociale assez mal définie, qui les exclut à la fois du prolétariat et du patronat.

Les employés ont une instruction et une éducation qui, sous les apparences trompeuses d'une aisance superficielle, cachent des irritations mal dissimulées ou une misère profonde. Par la très grande diversité des professions et aussi par les énormes écarts de valeur des places occupées et des responsabilités qui s'y rattachent, les employés ne sont pas encore parvenus à se solidariser par des groupements nombreux, pour former des unions syndicales compactes. A cause de leur isolement, leurs doléances, même les plus réduites, restent dans le vague de projets intéressants peut-être, mais inexécutables dans la pratique, par l'absence d'une autorité suffisante qui puisse les faire prendre en considération.

Pourtant, à plusieurs reprises, de nombreux essais ont déjà été tentés en faveur des auxiliaires du négoce, des usines et des ateliers, soit pour les grouper dans leur ensemble ou pour les seconder directement dans leurs réclamations. Jusqu'à ce jour, tous les mouvements ont échoué. Cependant, si les résultats ont été en partie négatifs, l'impulsion n'en est pas moins donnée. Aussi bien pour les employés de l'industrie que pour ceux du commerce, l'amélioration des conditions du travail s'impose, le public y apporte son attention et les assemblées délibérantes s'y intéressent.

« A Marseille, la plupart des employés de commerce sont victimes d'usages abusifs et barbares, même parfois odieux. Un grand

nombre de comptoirs et de magasins ne ter-
minent leurs opérations qu'à huit, neuf et
souvent dix heures du soir.

« De pareilles mœurs ont conduit à un rapide
amoindrissement social et à une décadence
commerciale accentuée. Les usages du négoce
marseillais ont des conséquences désastreuses :
elles se répercutent dans toutes les branches
de l'activité locale, elles s'étendent même sur
une certaine partie de la région. Aussi, la
population de la ville de Marseille, par les
heures tardives de fermeture des bureaux de
commerce, est-elle en principe étrangère et
insensible à toute impression intellectuelle,
qu'elle soit littéraire, scientifique ou artis-
tique. » *(C. f. — J. II. notes manuscrites et correspondance.).*

On est persuadé aujourd'hui, que la prospérité générale d'un pays dépend presque
exclusivement du développement intellectuel
des individus. En France, les assemblées délibérantes de l'Etat, des départements et des
communes ont fait des sacrifices considérables
pour rassembler des collections, établir des
laboratoires, former des bibliothèques et cons-

tituer des musées. Mais tous ces efforts sont en grande partie restés vains et stériles ; malgré des bonnes volontés incontestables, des dévouements remarquables et des dépenses énormes, ils n'ont abouti à aucun résultat pratique.

Si la masse du public est restée indifférente aux inombrables facilités d'étude mises à sa disposition, cela n'a rien de surprenant, car les travailleurs n'ont, la plupart du temps, aucun loisir pour se livrer aux méditations de l'intelligence.

Une longue présence d'un personnel quel qu'il soit, dans des bureaux, magasins et ateliers, n'indique pas un labeur proportionnel au nombre proportionnel des heures attribuées au travail. Les études sociales comparées ont permis de constater, chez les peuples si actifs des pays du Nord, que la puissance économique des efforts n'est pas en relation avec le temps consacré au labeur, mais qu'elle est en raison directe avec les facultés mentales déployés pour accomplir ce qu'on s'est proposé d'exécuter. (C. f. — *Bibliothèque de l'Université populaire : "Le Foyer du Peuple".)*

II

Les Ouvriers
et les Unions syndicales

Quoique les Unions syndicales ouvrières soient encore loin d'avoir atteint la force et l'autorité qu'elles espèrent, grâce à leurs groupements professionnels, elles ont cependant déjà réalisé d'immenses progrès. C'est exclusivement à la puissance de l'entente syndicale que les ouvriers doivent les commencements de satisfaction dont ils sont l'objet, en ce qui concerne l'augmentation des salaires et la diminution des heures de travail. Avant le mouvement progressif créé par les syndicats, l'ouvrier manuel était resté une espèce de brute grossière, avilie par l'insouciance, l'ivrognerie et l'ignorance.

Il est aujourd'hui démontré par l'expérience que la diminution des heures de travail, dans le cours d'une journée, n'a nullement amoindri ni la quantité, ni la qualité de la production industrielle. Au contraire, elle a suscité une nouvelle vigueur dans les classes laborieuses;

Depuis longtemps, les populations de l'Angleterre, des Etats-Unis de l'Amérique du Nord,
des contrées Scandinaves et de l'empire d'Allemagne, sont nettement entrées dans la voie de
la diminution des heures de travail et de l'augmentation des salaires. Il en est résulté un
développement intensif des forces naturelles
du pays. La classe ouvrière, par cette évolution,
a acquis un pouvoir moral et matériel considérable, qui favorise son expansion intellectuelle et économique dans l'univers.

Les populations du Sud de l'Europe com-
mencent à suivre l'impulsion indiquée par les
races d'origine germanique. La France d'abord,
l'Italie ensuite et même la misérable Espagne,
suivent le mouvement. Graduellement, les
ouvriers de tous les pays se dégagent des
mœurs d'esclaves et des terreurs supersti-
cieuses qui les amoindrissent et les pressurent.

Seuls, les ouvriers manuels ont pu s'unir
avec suffisamment de cohésion pour imposer,
dans l'ordre économique, une partie plus ou
moins importante de leurs principales revendications.

III

Les Employés de Commerce et les transformations de l'Organisation du Travail

Dans les Congrès de science sociale, d'enseignement professionnel et d'éducation populaire, tenus à Paris, pendant le cours de l'Exposition Universelle de 1900, des délégations de corps de métiers et d'institutions post-scolaires ont exprimé à plusieurs reprises de vives protestations contre les ineptes et immorales coutumes marseillaises, qui imposent un laps de temps de présence exagéré au personnel occupé dans les bureaux et ateliers. On a tout spécialement fait ressortir que ces coutumes sont aussi antisociales qu'oppressives, surtout en ce qui concerne la fermeture tardive et absolument anormale des maisons de commerce et des établissements industriels. Les coutumes marseillaises ne laissent aucun loisir à de nombreuses catégories de travailleurs, ni pour le repos, ni pour les soins de la famille.

« Les Congrès, nationaux et internationaux, où les questions d'organisation du travail furent examinées avec le plus d'attention et où des Associations patronales et ouvrières, ainsi que des Sociétés savantes ou populaires, envoyèrent des délégations de Marseille, sont ceux de :

« Voyageurs et Représentants de commerce, tenu au Palais du Trocadéro : délégués, M. Fenech, président ; M. Henriet, secrétaire (Syndicats professionnels de la Bourse du Travail).

« Enseignement populaire, tenu au Palais des Congrès : délégués, M. Abeille, président ; M. Henriet, secrétaire (Société Académique de Comptabilité). M. Barthelet, président ; M. Henriet, secrétaire (Cours des Mécaniciens de la Chambre de Commerce). M. Gascard, président ; M. Henriet, secrétaire (Cours professionnels de la Bourse du Travail).

« Sociologie, tenu à la Sorbonne : délégués, M. Barthelet, président ; M. Henriet, secrétaire (Société des Etudes Economiques).

« Education Sociale, tenu au Musée Social : délégués, M. Flory, président ; M. Henriet, secrétaire (Conférences populaires municipales).

« Parmi les vœux émis, il est nécessaire de signaler celui de la Société Académique de Comptabilité, pour l'instruction commerciale des adultes (Section de Marseille), qui a été discuté à fond au Congrès de l'Enseignement populaire. M. Abeille, son président, a rédigé une motion d'une importance capitale, ayant pour objet la réduction des heures de présence des employés dans les comptoirs, magasins et ateliers. M. Henriet, professeur de géographie économique, président du *Foyer du Peuple* et secrétaire de toutes les délégations marseillaises, a développé, dans les différentes séances des Congrès, avec une éloquence ardente, vigoureuse et persuasive, les considérants qui ont motivé le projet de réforme. » *(C. f. Notes manuscrites sur les Congrès de 1900.)*

Le vœu rédigé par M. Abeille et présenté aux délibérations par M. Henriet, a eu un tel succès dans les Assemblées des Congrès et dans les réunions des Sociétés savantes, qu'il a attiré l'attention de M. Edouard Petit, inspecteur général de l'Instruction Publique, et de M. Millerand, ministre du Commerce. Les considérants du vœu et son but sont les suivants :

« Considérant que les employés des bureaux,
« magasins et ateliers, des maisons de com-
« merce et des établissements industriels, —
« sont par les différentes lois sur le régime du
« travail, assimilés aux ouvriers manuels ;

« Que les employés de toutes professions,
« ayant les mêmes devoirs et les mêmes res-
« ponsabilités que les ouvriers manuels, —
« doivent avoir les mêmes droits et les mêmes
« avantages ;

« Que dans un grand nombre de centres de
« négoce et notamment dans la ville de Mar-
« seille, — les employés sont habituellement
« retenus fort tard, souvent jusqu'à dix heures
« du soir, cette situation doit cesser ;

« Qu'en présence des fermetures tardives
« des bureaux, — les employés du commerce
« et de l'industrie ne peuvent se préoccuper
« des soins de leur famille, ni se consacrer
« utilement et d'une façon suivie au dévelop-
« pement de leur instruction professionnelle ;

« Emet le vœu :

« La réglementation de la journée de travail
« déterminée pour les ouvriers manuels, est
« applicable aux employés des bureaux, ma-

« gasins et ateliers. — La journée de huit
« heures, admise en principe pour les ouvriers,
« sera adoptée dans les mêmes conditions
« pour les employés quels qu'ils soient. »

Les travaux des Congrès nationaux et internationaux, tenus en 1900, ont été l'objet de
résumés importants de la part des autorités
administratives. Chaque ministère a fait un
examen particulier des vœux exprimés. Après
des délibérations de Commissions spéciales, on
a conservé les principales dispositions pour
en assurer l'exécution. Le vœu émis par M.
Abeille et développé par M. Henriet, est un de
ceux qui ont été considérés avec le plus d'attention. Pour qu'il puisse être l'objet d'une
prompte mise en pratique, le vœu de 1900,
sur les modifications des usages relatifs aux
employés du commerce et de l'industrie, sera
soumis de nouveau, en 1901, aux discussions
des assemblées suivantes :

Congrès de l'Enseignement populaire, à
Montpellier, en juillet. — Congrès de la Ligue
de l'Enseignement, en août. — Congrès de

l'Association française pour l'avancement des Sciences, à Ajaccio, en septembre.

Les Sociétés savantes ou populaires de Marseille, représentées à ces Congrès, seront : la Société de Statistique, la Société des Etudes Economiques, la Société de Géographie, la Société Académique de Comptabilité, la Société Marseillaise d'enseignement professionnel (Association Polymathique), les Cours professionnels de la Bourse du Travail, la Société des Conférences populaires Municipales, la Société d'Enseignement Lakanal, l'Université populaire : le Foyer du Peuple, la Société suburbaine : l'Athénée de Saint-Barnabé, les Sociétés des Amis de l'instruction laïque.

Dans l'intérêt du développement intellectuel et économique de Marseille et de la région de Provence, il serait à désirer que la Chambre de Commerce, la Société pour la Défense du Commerce et les Unions ouvrières ou patronales se joignent aux délégations déjà organisées.

IV

Les tentatives infructueuses de réduction des heures du travail. — Les causes d'insuccès.

Si on considère comme un arbre vivant, l'ensemble des connaissances acquises par l'humanité, on peut constater que le groupement des branches qui forme les sciences sociales, est encore bien peu connu du public et surtout de certaines catégories de négociants. Quantité de personnes laborieuses, ne manquant pourtant pas d'une initiative suffisante pour les affaires, ne se doutent nullement de la profonde ignorance où elles se trouvent en matière de sociologie. Des transformations radicales se sont opérées dans les méthodes commerciales, sans qu'elles aient daigné fixer leur attention sur aucun des changements économiques de notre époque. De là des surprises parfois ruineuses ou des résistances souvent maladroites, en présence des exigences imposées par les nouvelles conditions du travail.

Autrefois les employés de commence, agents dociles et passifs de capitalistes puissants et aventureux, étaient considérés comme un animal portant des fardeaux, dont on se sert, mais que l'on méprise. Bien que la découverte des lois du transformisme soit encore toute récente, il ne faudrait pourtant pas en conclure que la nature était restée inactive, en attendant les résultats des observations scientifiques qui ont permis de constater que l'univers évolue et s'améliore constamment.

Les changements survenus dans le monde politique ont souvent caché les importantes modifications survenues dans le monde moral et économique. Cette ignorance est la cause que de nombreux patrons ou employeurs supposent encore que le personnel, mis à leur disposition suivant les hasards de l'existence, est comme par le passé taillable et corvéable à merci.

Dans les villes de négoce, aussi bien en France qu'à l'étranger, les employés de commerce ont su faire apprécier leurs services et leur collaboration : partout, ils possèdent une place honorable et respectée auprès du monde de la banque, des échanges et du transit. A

Marseille, les employés de commerce sont
restés en grande partie des auxiliaires d'ordre
presque inférieur : ils ne jouissent que d'une
médiocre considération.

Les employés attachés à l'industrie, placés
plus fréquemment en présence d'hommes d'une
notoire valeur individuelle ou d'agents techniques instruits, ont conquis depuis longtemps
une dignité et une indépendance acceptables.
Mais les employés de commerce proprement
dits sont restés les victimes de coutumes vérita-
blement odieuses. Ils sont obligés, en compen-
sation d'une rémunération parfois mesquine,
de rester dans des bureaux mal aménagés jusqu'à neuf et dix heures du soir. De nombreux
insouciants patrons, négociants ou courtiers,
n'apportent leur correspondance à expédier
que lorsqu'ils sont saturés de vulgaires niai-
series, débitées devant la table des cafés de la
Cannebière.

L'oppression dont souffrent les employés de
commerce à Marseille n'est pas restée sans
protestation. Il y a déjà bien longtemps que
des plaintes ont été formulées. La situation de
cette catégorie de travailleurs a été reconnue

lamentable, mais jusqu'à ce jour les efforts
sont restés infructueux. Lutter contre des
mœurs séculaires n'est pas facile, mais la résis-
tance aux revendications présentées par les
employées de commerce, provient plutôt de
l'ignorance des négociants et courtiers marseillais que de leur cupidité.

Le patronat industriel, plus habile et plus
éclairé que le patronat commercial, a promptement compris qu'un employé intelligent,
soigneux et estimé, était un collaborateur plus
productif qu'un employé craintif, timoré et
irresponsable. *(C. f. — J. II. Notes manuscrites :
Bibliothèque de l'Université populaire : le Foyer
du Peuple.).*

Des efforts sérieux, en vue d'améliorer la
situation des employés de commerce, ont été
tentés en mars 1887, sur la haute initiative de
la Chambre de Commerce, à laquelle, de concert avec le Tribunal de Commerce, s'était
jointe la Délégation spéciale faisant à cette
époque fonction de Conseil municipal. Des
résistances tapageuses, de la part des principaux négociants et courtiers de Marseille, ont
fait avorter cette première tentative.

Sous le patronage de la Société pour la
Défense du Commerce, en novembre 1889, des
réformes nouvelles ont été entrepreprises. On
sollicitait que les employés et commis puissent
être libres à sept heures du soir. Pour arriver
à la conclusion demandée, on proposait de
fixer les heures de la Bourse entre trois et
quatre heures du soir et d'intervenir auprès
des bureaux de l'Administration des Postes.
Par suite d'une opposition violente de la part
des négociants et courtiers, cette seconde tentative n'a pas abouti. (*C. f. Chambre de Commerce de Marseille. — Compte-rendu des travaux,
année 1887, page 278, et année 1887, page 277.*)

En présence des succès pour la réglementation des heures de la journée, obtenus par
les Syndicats professionnels adhérents aux
Bourses du Travail, les employés de commerce
reprirent eux-mêmes l'initiative d'un mouvement de réforme. En mars 1897, ils se grou-
pèrent autour de la Société philanthropique
des Commis et Employés de Marseille. Leurs
revendications furent soumises à la Société
pour la Défense du Commerce, pour qu'elles
puissent être exposées et débattues avec auto-

rité auprès des administrations et des pouvoirs publics.

D'amères et acrimonieuses irritations s'étant élevées au sein même de la Société pour la Défense du Commerce, contre les demandes pourtant pleines de justesse de la part des employés, il ne fut pas accordé la moindre satisfaction aux doléances exposées. Les négociants n'acceptèrent aucune transaction et la Société pour la Défense du Commerce, si ardente parfois, quand il s'agit de ses intérêts propres, abandonna les employés à leur malheureux sort, par une fin de non recevoir aux *desiderata* qui lui avaient été présentés. Comme pour les précédentes agitations, la troisième tentative échoua sans qu'aucune amélioration fut acquise. *(C. f. Archives de la Société pour la Défense du Commerce de Marseille.— Dossier 253.)*

L'Union des Banquiers de Marseille et du Midi, s'adjoignant encore la puissante Société pour la Défense du Commerce, vient de soulever une quatrième fois, dans le courant du mois de juillet 1901, la fastidieuse question d'une diminution des heures de présence des employés, dans les bureaux, comptoirs et ma-

gasins. Cette agitation nouvelle est la trans-
position dans le grand public du mouvement
commencé par les Sociétés d'enseignement et
d'éducation pour les adultes, dans les Congrès
de sciences sociales, tenus à Paris, pendant
l'Exposition de 1900.

Après plus de quinze années d'efforts stériles
et de luttes sans résultat, des réformes tan-
gibles et efficaces vont-elles enfin réussir ?
Beaucoup en doutent. Quelques-uns cependant
l'espèrent. L'Université populaire : *Le Foyer du
Peuple* de Marseille, comme les groupements
similaires avec lesquels cette institution est
en relations, est de ceux qui ont confiance.

Voici pourquoi les demandes actuelles, ma-
nifestées en faveur d'une meilleure organisation des heures du travail, en ce qui concerne
le commerce marseillais, ont des chances sérieuses pour réussir. C'est qu'avec l'âpreté de
la concurrence dans la lutte pour la vie, le
niveau intellectuel et moral de toutes les personnes exerçant une profession s'est considérablement accru en savoir et en distinction.
Actuellement, les négociants ne sont plus les
inaptes et ignorants d'autrefois, que des parents

anxieux pour leur avenir, avaient placé dans
le commerce ou dans la banque, parce qu'on
ne leur trouvait pas des facultés suffisantes
pour pouvoir faire quelque chose de mieux.
« Présentement, la France a orienté son activité vers le commerce, elle a employé une
partie de ses forces au développement de l'influence économique, dont dépend aujourd'hui
l'avenir de toute grande nation. » *(C. f. Roux,*
professeur à l'Ecole pratique de Limoges : Etude
sur les Ecoles de Commerce. »

« L'évolution suivie par le commerce, de-
venu absolument international, exige indubi-
tablement du commerçant, qui opère maintenant sur tous les marchés du monde, de véritables connaissances encyclopédiques, que la
pratique la plus longue ne saurait lui donner.
Le stage dans une maison de commerce ne
suffit plus ; l'école est devenue nécessaire et,
chez presque tous les peuples, l'enseignement
commercial a été créé.

« Les Allemands ont compris les premiers,
que l'apprentissage commercial gagne à n'être
pas purement empirique. Ils ont constitué de
toutes pièces un enseignement commercial dont

leurs rivaux ont longtemps méconnu l'utilité et que chacun cherche à imiter partout aujourd'hui. Dès 1817, au lendemain des guerres de l'Empire et du Blocus continental, l'Institut commercial de Gotha, le doyen probable des établisssements de ce genre était fondé sur l'initiative de la corporation des négociants.

« L'Angleterre seule paraît considérer encore l'apprentissage dans les comptoirs comme constituant la meilleure préparation au commerce. Cependant à l'occasion de sa nomination de recteur de l'Université de Glascow, lord Rosebery déclarait que pour éviter à l'Angleterre un désastre, l'éducation devait devenir commerciale. » *(C. f. — Maury, sous-directeur de l'Ecole supérieure de Commerce de Marseille. — Discours et allocutions, juillet 1901.)*

Dans le cours de ces dernières années, le commerce marseillais a subi des transformations qui tendent à le placer, par rapport aux autres villes de négoce, au rang auquel il a le désir et le droit de prétendre. Pour la mise en valeur des Colonies, puis aussi pour l'extension de ses relations sur les marchés internationaux, le commerce marseillais a besoin de collaborateurs énergiques et instruits. Il lui faut une pépinière pour se recruter un personnel intelligent et dévoué : de là l'urgence d'améliorer largement le sort des employés et commis qu'il occupe. L'Université populaire : *Le Foyer du Peuple*, est persuadé du succès des réformes demandées. Cette agitation est nécessaire, non seulement pour grandir socialement les commis et employés, mais aussi parce qu'il y a là une mesure humanitaire qui s'impose, afin de pouvoir donner aux affaires commerciales, toujours si lentes à se populariser, tout le développement qu'exigent les relations extérieures.

V

Les propositions de "l'Union des Banquiers de Marseille et du Midi" et de la "Société pour la Défense du Commerce". — Les réponses des Syndicats patronaux et des Syndicats ouvriers.

L'Union des Banquiers de Marseille et du Midi, tenant compte des réclamations de ses correspondants et désirant améliorer la valeur professionnelle de ses agents, a adopté les conclusions du vœu de la Société Académique de Comptabilité, présenté au Congrès de l'Enseignement populaire en 1900 et soumis depuis à l'examen du public et des corps délibérants. Dans sa circulaire en date du 13 juillet, adressée à tous les Syndicats patronaux en relations avec la Société pour la Défense du Commerce, l'Union des Banquiers demande que la fermeture des bureaux des maisons de commerce soit uniformément fixée, pendant l'été, à six heures du soir.

Contrairement à ce qui se passe habituellement en matière de réformes sociales, l'agitation relative à une meilleure organisation du travail en faveur des employés de commerce, n'a pas eu les intéressés pour promoteurs. Le premier mouvement émane d'associations s'occupant d'enseignement populaire. La reprise de ce mouvement, après les approbations du Ministre de l'Instruction publique et du Ministre du Commerce, est dûe à l'initiative patronale.

Il ne faudrait pas inférer que les employés de commerce sont indifférents aux projets soumis à l'étude pour les libérer. Mais on peut en conclure que la marche progressive de l'humanité a été plus prompte que la manifestation de leurs désirs. En ne se solidarisant pas par une Union syndicale, les employés de commerce ont été indolents et inhabiles. Mais par une ironie du sort, dont ils n'ont qu'à se louer, les exigences sociales du présent sont tellement impérieuses, qu'elles se passent même de leur concours pour améliorer leur condition.

Marseille, le 20 Juillet 1901.

Le Secrétaire du "Foyer du Peuple",
EMILE ROUBAUD.

Après la lecture du mémoire, le Conseil des Etudes examine les annexes dont il est accompagné ; il en adopte les conclusions et décide que le mémoire et les documents qui lui sont joints seront imprimés, puis adressés à MM. les sénateurs, députés et conseillers généraux des Bouches-du-Rhône ; à MM. les membres du Conseil Municipal et de la Chambre de Commerce de Marseille ; aux Syndicats patronaux de la Société pour la Défense du Commerce et aux Syndicats ouvriers de la Bourse du Travail ; aux Sociétés d'éducation sociale de la région de Provence ; aux Corps constitués et aux personnes que la question intéresse.

Le Président du "Foyer du Peuple",
JULES HENRIET.

ANNEXES

NOTICE

SUR

LE FOYER DU PEUPLE

UNIVERSITÉ POPULAIRE

des Travailleurs Marseillais

I

Historique

L'Université Populaire des Travailleurs Marseillais est le premier groupement de ce genre créé en France, d'après le type réalisé par la Société la *Coopération des Idées* de Paris. Sur des renseignements rassemblés en janvier 1899, auprès de M. Deherme, directeur du Palais du Peuple, avec les conseils de M. Séailles, professeur à la Faculté des Lettres de Paris, et après avoir reçu l'approbation de M. Brouardel, membre de l'Institut, le *Foyer du Peuple* fut fondé à Marseille dans la première quinzaine du mois suivant.

L'établissement de l'Université Populaire des Travailleurs Marseillais provient directement des initiatives prises par M. Edmond Barthelet, ancien membre de la Chambre de Commerce, président de l'Association Polymathique, et par M. Jules Henriet, administrateur de la Société Protectrice de l'Enfance et membre de la Société des Conférences Populaires Municipales.

Vers la même époque, une organisation analogue à celle de Marseille était à l'étude par des personnes dévouées de la ville de Beauvais. Le titre adopté d'abord, pour désigner la nouvelle institution créée dans le Midi, était celui d'*Université Populaire de Provence*, auquel on avait adjoint le titre secondaire de : *Société pour l'Education et l'Enseignement du Peuple.*

En présence d'obstructions multiples et de difficultés de tout genre suscitées autour d'elle, l'*Université Populaire de Provence* eut d'abord beaucoup de peine à se vulgariser. Pendant un certain temps, les fondateurs marseillais du nouveau mode d'enseignement et d'éducation, déjà en pleine prospérité à Paris, durent se recueillir et même s'effacer pour pouvoir

donner la vigueur nécessaire à leur création.
Il était indispensable de trouver des auxiliaires
dans les centres populeux et ouvriers, de la
ville, car c'est exclusivement aux travailleurs
et aux prolétaires que l'on désirait s'adresser.

Malgré des entraves nombreuses, la persévérance des initiateurs primitifs a été cou-
ronnée de succès. Par une suite d'efforts
constants, l'œuvre entreprise en janvier 1899,
est parvenue à surmonter les résistances diverses qui s'étaient opposées à son expansion.
Au mois de mars 1901, la dénomination
ancienne, choisie au début, fut transformée
sous le titre de : *Foyer du Peuple (Université
Populaire des Travailleurs Marseillais)*. Ainsi le
groupement post-scolaire, créé il y a deux ans,
après avoir écarté les influences pernicieuses
qui l'avaient combattu, a pu reprendre la
direction de son enseignement, sans équivoque
possible.

L'incontestable autorité acquise par le *Foyer
du Peuple* provient de l'expérience, de l'activité
et du dévouement de ses organisateurs. Pendant la période de lutte, ils se maintinrent en
continuelles relations avec la *Coopération des*

Idées de Paris, afin de recevoir l'impulsion et
les encouragements des promoteurs du mouvement intellectuel et social qu'on se propose de
généraliser dans toutes les provinces de France.

II

Administration

Le *Foyer du Peuple* n'a pas d'établissement
qui lui soit particulièrement affecté. Les réunions de son Conseil d'Administration et les
séances de ses Conférences-causeries se font
dans des locaux temporaires. Les allures générales de la Société sont essentiellement populaires. L'Association n'a pour guide que des
usages, auxquels est adjoint un règlement provisoire, pouvant journellement se modifier pour
qu'il s'adapte à toutes les circonstances, ce ne
sera qu'après une expérience confirmant sa
puissance éducative et déterminant son action,
qu'elle rédigera ses statuts fédératifs.

Les ressources du *Foyer du Peuple* sont
nombreuses, elles consistent en cotisations
personnelles des membres actifs, en souscriptions et en dons particuliers des membres

honoraires ; enfin, en subventions des pouvoirs publics. Pour obtenir une grande souplesse d'action, le budget des dépenses n'est que vaguement déterminé, car les efforts de l'Association sont très variables : ils résultent du plus ou moins d'abondance et de régularité dans les encaissements. La cotisation des membres actifs est en principe fixée à cinquante centimes par mois.

L'enseignement du *Foyer du Peuple* est donné par des conférences-causeries hebdomadaires. Les assemblées ont lieu habituellement à 9 heures précises du soir. En plus de l'enseignement donné dans le centre de la ville de Marseille, le *Foyer du Peuple* rayonne avec une très grande activité dans tous les quartiers urbains et suburbains de la périphérie.

L'institution est relativement ambulante, les conférenciers se transportent selon les demandes des organisateurs de réunions, dans des salles choisies spécialement, soit dans les écoles publiques, soit dans les bars, brasseries et cabarets, soit dans les usines, ateliers et manufactures.

En dehors des séances destinées aux conférences, le *Foyer du Peuple* a toutes les semaines une réunion administrative de son Comité de direction. Cette réunion est destinée à l'examen des questions du moment, à la préparation des conférences hebdomadaires du groupe central et à l'organisation des conférences sollicitées par les groupes sectionnaires de la ville.

A l'aide de souscriptions diverses et de dons particuliers, communs avec la Société Marseillaise d'Enseignement Professionnel (*Association Polymathique*), le *Foyer du Peuple* possède plus de cinq cents vues pour projections lumineuses ; il dispose en outre de trois mille vues environ, provenant de la collection de la Mairie, organisée par les soins de la Société des Conférences Populaires Municipales.

III

Programme

L'Université Populaire des Travailleurs Marseillais travaille sans cesse à son extension et à la propagation de son influence auprès des classes laborieuses. Son programme est le suivant :

1º Fondation d'un siège central, avec conférences-causeries tous les soirs. — 2º Organisation de conférences-causeries et de conférences didactiques avec projections lumineuses,
dans les différents quartiers de la ville de
Marseille, ainsi que dans les réunions provo-
quées par les Sociétés des Amis de l'Instruction
laïque ou les Sociétés des Anciens Élèves des
écoles publiques. — 3º Création d'une bibliothèque circulante. — 4º Création d'un cabinet de
lecture au siège central, avec nombreux ouvrages périodiques : revues, journaux et publications illustrées. — 5º Fondation d'un musée
populaire, scientifique, professionnel et artis-
tique. — 6º Publication d'un bulletin hebdomadaire, résumant les conférences faites sous
les auspices du *Foyer du Peuple*, donnant de
nombreuses notes bibliographiques pour le
choix des livres à acquérir et indiquant des
lectures à faire pour les membres adhérents
et leur famille, soit en ce qui concerne les
professions, soit en ce qui se rapporte aux
discussions sociales. — 7º Organisation de
conférences-promenades, dirigées par des gui-
des compétents, pour se rendre compte des

progrès économiques réalisés dans les usines,
ateliers et manufactures, apprécier les monu-
ments historiques et artistiques et visiter les
sites naturels les plus pittoresques. — 8° Organisation de conférences sociales, rédigées exclusivement par des ouvriers et communiquées
aux patrons, soit directement aux chefs d'entreprises, soit par l'intermédiaire des syndicats
professionnels ouvriers ou patronaux.

IV

Union Marseillaise des Sociétés
d'Éducation et d'Enseignement du Peuple

L'Université Populaire le *Foyer du Peuple* de
Marseille est en relation permanente avec les
principales Sociétés d'Éducation et d'Enseignement, créées pour les adultes de la région
de Provence. Elle forme avec ces Sociétés, sur
une simple convention verbale, une sorte
d'*Union* qui permet à chacun des groupements,
tout en leur laissant une autonomie propre,
d'avoir non seulement avec certitude des
conférenciers disponibles, mais aussi de pou-

voir participer aux prêts et aux échanges de matériel d'enseignement et surtout de posséder la facilité de se communiquer rapidement des photographies pour projections lumineuses. Les Sociétés avec lesquelles l'Université Populaire le *Foyer du Peuple* est en relation sont :

1o La Société des Conférences Populaires Municipales. — 2o La Société Lakanal. — 3o La Société Marseillaise d'Enseignement Profesionnel (*Association Polymathique*). — 4o La Société Académique de Comptabilité pour l'enseignement commercial des adultes. — 5o L'Université Populaire l'*Athénée de Saint-Barnabé*. — 6o Les Sociétés des Amis de l'Instruction laïque. — 7o Un certain nombre de Syndicats professionnels ouvriers. — 8o Plusieurs groupements de Syndicats professionnels patronaux.

Les membres fondateurs de l'Université Populaire le *Foyer du Peuple* ont trouvé un accueil des plus sympathiques auprès de MM. les Professeurs de la Faculté des Sciences, de la Faculté de Droit et de la Faculté des Lettres ; des Professeurs du Lycée ; des instituteurs primaires de l'enseignement public et aussi auprès d'un grand nombre de commerçants, d'industriels et de personnes de toute condition, dévouées à l'instruction post-scolaire.

L'Union Marseillaise des institutions d'éducation et d'enseignement du peuple s'est faite autour de la Société des Conférences Populaires Municipales. Cette Union a réalisé un vœu, exprimé vers la fin du mois de février 1898, par M. Edouard Petit, inspecteur général de l'Instruction publique, dans une des visites qu'il fait annuellement aux institutions post-scolaires de la ville de Marseille. Par cette Union, on espère arriver à une plus grande cohésion des programmes et obtenir ainsi des résultats moins éphémères auprès des classes laborieuses.

Comme l'a dit M. Edouard Petit : « *L'Union* « *des institutions post-scolaires de Marseille sera* « *une* SORTE D'UNIVERSITÉ POPULAIRE *en attendant* « *l'autre* » (en attendant le transfert à Marseille des Facultés de Droit et des Lettres, dont l'enseignement est stérilisé à Aix, par l'insuffisance des auditoires).

L'Union des institutions populaires, constituées à l'usage des adultes, sera à n'en pas douter un exemple donné aux pouvoirs publics. Par leur groupement, les institutions populaires inciteront le gouvernement à les imiter et à centraliser à Marseille : la Faculté de Droit, la Faculté des Lettres, la Faculté des Sciences et la Faculté de Médecine à créer, auxquelles s'adjoindront inévitablement les écoles supérieures industrielles, commerciales et artistiques déjà installées.

Si l'Union des institutions post-scolaires est sérieusement organisée et sagement administrée, elle fixera certainement l'attention des corps délibérants ; de plus, elle provoquera en faveur de l'enseignement supérieur de Marseille, encore si incomplet, un mouvement digne de la prospérité de cette ville populeuse, dont l'importance est aussi remarquable par l'accroissement de ses usines et manufactures, que par l'étendue de ses relations commerciales extérieures.

V

Influence sociale du "Foyer du Peuple"

Le programme tracé par les fondateurs du *Foyer du Peuple* de Marseille est à peu près commun à toutes les Universités Populaires quelles qu'elles soient. Cependant dans le projet d'organiser des conférences rédigées par des ouvriers, il y a une novation importante dont les résultats pourront être féconds. Les mémoires dûs à l'initiative des ouvriers apporteront des éléments précieux pour l'évolution sociale des classes laborieuses. Les recueils de documents préparés par les travailleurs, selon les circonstances du moment, ou les exigences de l'actualité, deviendront les véritables *Cahiers* permanents du peuple ; ils seront transmis aux groupements patronaux, soit par des communications verbales, ou bien par des mémoires écrits.

Jusqu'à ce jour, ce sont les patrons et les intellectuels seuls, qui ont exprimé leur volonté et imposé leur enseignement. A l'aide de la méthode vulgarisée par le *Foyer du Peuple*, les associations patronales auront l'occasion d'entendre et d'apprécier les vœux présentés par les travailleurs eux-mêmes. Sous la forme de conférences faites aux classes dirigeantes par les ouvriers, il se produira un échange continuel d'idées et de projets.

C'est par des discussions courtoises que disparaîtront les préventions qui existent entre les directeurs d'entreprises et leurs collaborateurs. On peut espérer de ces relations spéciales, qu'elles atténueront les dissensions sans fondement, dont l'acuité n'a parfois pour origine que des subtilités sans importance ou malveillantes. Il y aura là un enseignement réciproque efficace, où toutes les classes sociales pourront se fondre dans des réunions communes, où patrons et ouvriers sauront s'éclairer réciproquement sans blessures d'amour-propre. Si des études sociales pouvaient se généraliser entre employeurs et employés, incontestablement les uns et les autres apprendraient promptement à se mieux connaître, puis par des relations suivies, parviendraient peut-être à s'estimer.

La méthode d'instruction préconisée par le *Foyer du Peuple* est plutôt éducative que didactique. Les initiateurs de cette association populaire ne présentent pas leur enseignement sous la forme de cours théoriques. Ils développent leurs leçons par des conférences d'ensemble, par des lectures, par des causeries et aussi par des analyses d'ouvrages littéraires, utilitaires et artistiques. Cependant, le *Foyer du Peuple* ne dédaigne pas l'instruction donnée par les cours publics, au contraire, il y contribue énergiquement, en préparant des auditeurs pour les Sociétés d'enseignement d'adultes avec lesquelles il est en relations, telles que : les cours du soir dirigés par les instituteurs et les institutrices des écoles communales ; les cours municipaux d'enseignement pratique ; les cours commerciaux de la Société Académique de Comptabilité et de la Société pour la Défense du Commerce ; les cours techniques de la Chambre de Commerce, de la Société Marseillaise d'Enseignement Professionnel *(Association Polymathique)* et de la Bourse du Travail.

En principe, l'Université Populaire le *Foyer*

du Peuple de Marseille, tout en prenant l'éducation du prolétariat spécialement pour base de son action, coopère à tout ce qui peut grandir et élever les travailleurs. Elle se préoccupe d'ennobir les ouvriers manuels, afin de les dégager de l'abrutissement funeste entretenu par l'alcoolisme et l'ignorance. Par les soins qu'elle apporte à la rédaction de ses publications, elle espère pouvoir faire disparaître les erreurs qui alourdissent et entravent la marche progressive de l'humanité. De plus, elle tâchera de trouver des solutions pratiques aux problèmes qui divisent le Capital et le Travail. Elle combattra les préjugés séculaires qui aigrissent les populations, désorganisent les familles et amoindrissent la force expansive du pays.

La PREMIÈRE UNIVERSITÉ POPULAIRE de PROVINCE

fondée en France

Les Universités Populaires sont des institu-
tutions post-scolaires, dues à l'initiative privée.
Elles se proposent de propager l'enseignement
supérieur auprès des ouvriers, elles ont aussi
pour but, de développer l'éducation sociale
auprès des prolétaires de toute condition. Les
premières Universités populaires datent de
1899. Elles ont toutes pour origine le groupement constitué par la *Coopération des Idées*,
société d'enseignement et d'éducation pour les
travailleurs, fondée à Paris en avril 1898, dans
un quartier industriel et populeux du faubourg
Saint-Antoine.

Les associations dites Universités Populaires,
ont eu pour objet l'adaptation aux mœurs
françaises, des institutions et Sociétés de
même genre, connues sous le nom d'*Extensions
Universitaires* pour l'enseignement supérieur,

très florissantes en Allemagne, en Angleterre et aux États-Unis d'Amérique.

Le Président du *Foyer du Peuple* de Marseille, M. Henriet, un des collaborateurs les plus actifs au mouvement qui se manifeste en faveur de la vulgarisation des sciences sociales et économiques, se trouvait à Paris au moment de la constitution de la *Coopération des Idées*. Frappé de l'importance de cette institution, du caractère original de son programme et des services que dans l'avenir elle est appelée à rendre aux prolétaires, il pensa que des fondations analogues avaient leur place marquée, dans les principaux centres manufacturiers ou commerciaux des grandes agglomérations. A son retour à Marseille, il se proposa d'organiser dans cette ville une institution semblable à celle qu'il avait vu fonctionner à Paris.

Dès sa création, la *Coopération des Idées* du faubourg Saint-Antoine a songé à se transformer en Université Populaire. La désignation était nouvelle, elle plut beaucoup sans pourtant que son sens ait été d'abord bien compris. L'Université Populaire suscita des rêves, avant qu'elle fut elle-même une réalité. Son objectif, par sa complication et son exotisme, est resté assez longtemps dans le vague de programmes relativement flottants. Des bases sérieuses pour l'édifice intellectuel projeté, ne furent guère constituées que vers le mois de janvier 1899. C'est de cette époque que datent effectivement la formation en France, du genre d'institution post-scolaire, appelé : Université Populaire.

Le Président du *Foyer du Peuple* de Marseille, par une correspondance suivie avec la *Coopération des Idées* de Paris, se trouvait au courant du mouvement d'organisation d'éducation, sociale en préparation. Il prit des dispositions pour trouver des collaborateurs et créer directement à Marseille, une institution analogue à celle qui se fondait à Paris. Il en est résulté qu'à quelques jours près, les deux Universités populaires, se sont développées parallèlement et sur les mêmes principes, soit à Paris, soit à Marseille.

L'initiative du projet de fondation d'une Université populaire à Marseille fut prise d'abord par M. Henriet, professeur de science économique aux cours du soir, mais après quelques semaines d'études, M. Barthelet, ancien membre de la Chambre de Commerce et depuis la fin du second empire, l'un des principaux et des plus expérimentés propagateurs des associations d'enseignement des adultes, vint apporter à l'Université populaire en expectative, tout le poids de son autorité, de son savoir et de ses relations.

Les deux créateurs de la première Université populaire de province fondée en France, sont incontestablement MM. Barthelet et Henriet. Dans le projet médité, M. Barthelet par sa haute situation a apporté une connaissance profonde des hommes et des choses et M. Henriet par son activité, a su réunir autour du premier groupe, un personnel d'élite, remarquable de science et de dévouement.

Les préliminaires de la Société nouvelle, furent rédigés vers le 15 mars 1899. L'Assemblée générale constitutive devait avoir lieu le jeudi suivant 23. Mais ce jour là étant déjà choisi pour une réunion de la Commission préparatoire pour l'Exposition Universelle, qui s'organisait pour 1900, sur la demande de l'un des membres de la Commission et afin que toutes les personnes s'occupant d'enseignement

populaire puissent assister à l'Assemblée générale pour l'Université populaire projetée, il fut
convenu qu'au lieu de se réunir le jeudi 23
mars à 2 heures de l'après-midi, on se réuni-
rait d'un commun accord, avec tous les représentants des œuvres post-scolaires, le mardi
28 mars à 9 heures du soir. Tous les adhérents
qui s'étaient groupés autour des initiateurs
primitifs, reçurent la convocation suivante :

Marseille, le 25 Mars 1899.

Monsieur et cher Collègue,

Vous êtes prié d'assister à une réunion qui
a pour but de jeter les premières bases d'une
"Société Marseillaise d'enseignement et d'éducation du peuple désignée sous le nom d'Université populaire".

Nous avons eu l'occasion de vous exposer
l'objectif que nous poursuivons et nous espé-
rons que vous nous continuerez le concours
que vous avez bien voulu nous promettre.

La réunion aura lieu le mardi 28 courant,
à 9 heures très précises du soir, dans le local,

que la Société des Études Économiques a bien voulu mettre à notre disposition.

Veuillez agréer, Monsieur et cher Collègue, l'assurance de nos sentiments les plus distingués.

Signé :

Ed. Barthelet et Jules Henriet.

Entre le 25 mars, date de la convocation, et le 28, date de la réunion, se manifestèrent les plus étranges intrigues qu'on puisse imaginer, pour faire échouer l'Assemblée constitutive de l'Université populaire projetée. Tout fut mis en œuvre auprès des personnes influentes qui avaient promis leur concours à la nouvelle institution post-scolaire, afin qu'elles retirent leur sympathie au correspondant marseillais de la *Coopération des Idées de Paris ;* rien ne fut négligé : prières, menaces, mensonges, communications de lettres privées, diffamations, etc., etc. Malgré cet extraordinaire déversement d'infamie, la foi et la confiance des initiateurs ne fut pas ébranlée un instant et la réunion annoncée eut lieu.

Dans cette assemblée, pour essayer une dernière fois d'en rendre les décisions inutiles, quelqu'un informa les membres adhérents réunis, que les motifs de délibération sur l'objet de la convocation, avaient disparus, car l'Université populaire projetée par MM. Barthelet et Henriet n'avait plus sa raison d'être : cette institution ayant été fondée précédemment par M. le Président de l'Association Polytechnique, section de Marseille, dans une réunion en date du 23.

Cette révélation provoqua une profonde surprise et plongea l'Assemblée dans la stupéfaction : immédiatement on redouta un acte de fourberie de la part des personnes qui n'avaient pas réussi dans leur campagne d'intrigues. Séance tenante une délégation fut nommée pour faire une enquête, statuer sur la situation et aviser sur les mesures à prendre.

L'enquête fut faite. Après le rassemblement des renseignements, les membres adhérents à l'œuvre en organisation reçurent la convocation suivante :

Marseille, *12 Avril 1899.*

Monsieur et cher Collègue,

Vous êtes prié d'assister à la seconde réunion de la "Société Marseillaise d'enseignement et d'éducation du peuple, dite Université populaire de Provence".

La réunion aura lieu le samedi 15 courant, à 9 heures très précises du soir, dans le local de la Société des Études Économiques.

Ordre du Jour :

1° Rapport de la délégation au sujet du fonctionnement d'une Association qui aurait été créée antérieurement, dans un but analogue à celui de notre Société ;

2° Nomination d'un Comité provisoire.

Veuillez agréer, Monsieur et cher Collègue, l'assurance de nos sentiments les plus distingués.

Signé :

Ed. Barthelet et Jules Henriet.

A cette seconde réunion, la délégation nommée présenta un, rapport, duquel il ressortait les considérations ci-après :

1º L'Association Polytechnique de Marseille redoutant pour son existence propre, une concurrence dans la Société Marseillaise d'enseignement et d'éducation du peuple, désignée sous le nom d'Université populaire de Provence, avait pris les devants et avait transformé le 23 mars, la Commission préparatoire pour l'Exposition Universelle de 1900, en Université populaire "dite de Marseille".

Comme aucune des personnes composant la Commission pour l'Exposition, ne connaissait le programme de l'œuvre entreprise par la *Coopération des Idées* de Paris, le mercredi 22 mars, un des membres de cette Commission pria M. Henriet de lui confier le dossier constitué pour la création de l'institution d'éducation sociale, mise à l'étude depuis le mois de janvier. M. Henriet qui ne pouvait certainement pas se douter de l'usage qu'on allait faire des documents qu'il avait recueilli, remit sans aucune appréhension, tous les documents qu'il possédait.

Le dossier fut rendu à M. Henriet le vendredi matin 24, avec des remerciements chaleureux pour la valeur des pièces qu'il contenait. Mais le jeudi 23, dans la réunion de la Commission de l'Exposition, le dossier de M. Henriet avait été communiqué en séance, certainement par inadvertance ; de sorte que c'est sur les documents centralisés par les correspondants directs de la *Coopération des Idées* pour l'Université populaire de Provence que fut constituée à la hâte et subrepticement, l'Université populaire "dite de Marseille".

2° Afin de tâcher d'éviter le blâme du public, pour l'acte de spoliation qui venait d'être commis, les créateurs de l'Université populaire "dite de Marseille", essayèrent de faire remonter l'initiative de leur fondation à M. Edouard Petit, inspecteur général de l'instruction publique [1], qui dans une tournée d'inspection,

(1) *Comparer page 69 l'ambiguïté de la première phrase d'un article publié par l'administration de l'Université populaire "dite de Marseille" dans le n° 1547 du journal de la Société pour la Défense du Commerce, 29 avril 1899, avec l'explication de la pensée de M. Ed. Petit, publiée dans la notice sur le "Foyer du Peuple", paragraphe IV, page 50.*

par une communication faite en réunion privée tenue le 25 février 1898, sous le prétexte d'engager les œuvres post-scolaires à se fédérer pour obtenir plus de force auprès des assemblées délibérantes et de l'administration, aurait fondé l'Université populaire.

Si les prétentions de M. le Président de l'Association Polytechnique de Marseille étaient exactes, il en résulterait que la *Coopération des Idées* de Paris, organisée en avril 1898, ne serait qu'un simple plagiat de l'institution fondée à Marseille deux mois auparavant et qu'en se transformant en Université populaire en janvier 1899, la *Coopération des Idées* n'a fait que copier ce qui était déjà réalisé depuis une année sur les bords de la Méditerranée.

En matière d'associations populaires, il faut être honnête, non pas de cette honnêteté vulgaire qui consiste à ne pas avoir de *casier judiciaire*, mais de l'honnêteté qui exige qu'on agisse constamment avec rectitude de pensée et droiture d'intention. Le public s'est parfaitement rendu compte des manœuvres louches des fondateurs de la prétendue Université populaire "dite de Marseille", il sait à quoi s'en tenir sur la valeur morale des procédés employés. On ne fonde pas des œuvres durables avec des intrigues. La diffamation est une arme redoutable, c'est vrai, mais si elle manque souvent les personnes visées, à coup sûr elle déshonore toujours ceux qui s'en servent.

A la séance tenue le 12 avril 1899, par les membres adhérents à la Société Marseillaise d'enseignement et d'éducation du peuple, due à l'initiative de MM. Barthelet et Henriet, il fut décidé qu'on ne tiendrait aucun compte des obstructions suscitées contre l'institution en voie d'organisation et qu'il serait procédé à la continuation de l'œuvre entreprise sous le nom d'Université populaire de Provence.

Ultérieurement, et pour éviter une confusion de désignation avec l'Université classique en ce qui concerne les projets de transfert à Marseille des Facultés des Lettres et de Droit, qui périclitent depuis si longtemps à Aix, sur l'initiative de M. Em. Roubaud, le titre de l'institution post-scolaire fondée par MM. Barthelet et Henriet, prit le nom de *Foyer du Peuple :* université populaire des travailleurs marseillais.

Pour faire supposer aux personnes, non au

courant des institutions des adultes, que l'Université populaire "dite de Marseille" était une
œuvre sérieuse, l'administration de cette men-
songère association, en surprenant la bonne
foi du comité de rédaction, fit publier un article réclame dans le *Journal Commercial* de la
Société pour la Défense du Commerce, n° 1547,
29 avril 1899.

L'article débute ainsi :

« A *l'instigation* de notre concitoyen M.
« Edouard Petit, inspecteur général de l'ins-
« truction primaire, il vient de se constituer
« à Marseille, un groupement des Sociétés et
« Institutions ayant pour objet les cours gra-
« tuits d'adultes et, en général, l'œuvre de la
« seconde éducation du peuple, sous le nom
« d'Université populaire de Marseille ».

Le rédacteur de cet article commet une
calomnie à l'égard de M. l'Inspecteur général.
Cet honorable fonctionnaire n'a jamais *instigué*
personne pour créer une œuvre malhonnète-
ment fondée.

Mais, si comme le dit le rédacteur de l'article, l'œuvre vient de se constituer en avril

1899, elle n'a donc pas été constituée en mars 1898, comme elle le prétend et comme le disent des statuts imprimés en 1900, pour égarer les membres du jury de l'Exposition. Si le groupement a été fondé en mars 1898, il n'a rien de commun avec la *Coopération des Idées* car cette institution n'a été fondée rue Paul Bert, faubourg Saint-Antoine à Paris, que le mois suivant, en avril. M. le Président de l'Association Polytechnique de Marseille n'a appris l'existence de la *Coopération des Idées* que par M. Henriet, d'après des conversations qui eurent lieu pendant leur séjour commun à Paris, au commencement de juillet 1898, il ne pouvait donc pas avoir organisé une institution analogue quatre mois auparavant.

Les statuts imprimés en 1900, ne signalent plus l'*instigation* de M. l'Inspecteur général, ni les relations avec la *Coopération des Idées* : l'Université populaire "dite de Marseille", ayant été désavouée à cause des ambiguïtés de ses origines et de l'impuissance de ses efforts.

Dans les statuts, la paternité de cette création est attribuée à l'Association Polytechnique : il n'y a pas lieu certainement de féliciter cette vénérable institution, de la douteuse substitution dont elle est l'objet.

En résumé, l'Université populaire "dite de Marseille", n'a pas été fondée pour l'extension intellectuelle des classes laborieuses. Sa création n'a eu pour but que d'empêcher, ou au moins d'entraver le développement de la "Société Marseillaise d'enseignement et d'éducation du peuple", projetée par MM. Barthelet et Henriet, appelée dès le début Université populaire de Provence et depuis *Foyer du Peuple*. Le temps a jugé la valeur des deux œuvres. L'Université populaire "dite de Marseille" n'a reçu que des témoignages de dédain de la part du public, tandis que le *Foyer du Peuple*, par son action directe auprès des travailleurs, préside avec autorité, aux réformes sociales et économiques les plus délicates.

Les initiateurs de la première Université populaire de province fondée en France, n'ont qu'à se féliciter de leur persévérance et de leur confiance dans l'avenir : leur succès est légitime.

———

ANNEXE N° 3

REVUE INTERNATIONALE DE L'ENSEIGNEMENT

PUBLIÉE

par la Société de l'Enseignement Supérieur

Président : M. BROUARDEL

Membre de l'Institut

Doyen de la Faculté de Médecine de l'Université de Paris

Président de l'Association Polytechnique

L'EXTENSION UNIVERSITAIRE A MARSEILLE

Rapport préparé pour le Groupe Marseillais de la Société d'Enseignement supérieur, par M. CLERC, professeur à la Faculté des Lettres de l'Université d'Aix-Marseille.

« Déjà depuis longtemps, des cours d'ensei-
« gnement populaire avaient été organisés à
« Marseille, soit par la Municipalité, soit par
« les diverses Sociétés fondées pour le déve-
« loppement du Commerce et de l'Industrie ;

« mais ces cours étaient d'ordre exclusivement
« professionnel et pratique, et n'étaient point
« combinés en vue d'une culture générale de
« ceux auxquels ils s'adressaient.

« En 1896 seulement se fondait une section
« de l'*Association Polytechnique* pour le déve-
« loppement de l'instruction populaire, qui se
« proposait d'offrir aux jeunes gens sortis de
« l'école primaire une instruction, non plus
« strictement professionnelle, mais assez variée
« pour satisfaire les besoins et les goûts les
« plus différents.

« *C'est de l'Association Polytechnique que vient*
« *de sortir, tout récemment, une institution nou-*
« *velle et plus originale : l'Université populaire.*
« — Les fondateurs ont réussi à grouper toutes
« les Sociétés et Institutions ayant pour objet
« les cours d'adultes et d'éducation post-sco-
« laire. On peut dire que c'est un véritable
« Syndicat de ces institutions, qui, d'ailleurs,
« respecte soigneusement l'autonomie de cha-
« cune d'elles ; aussi l'Université populaire ne
« comporte pas de cours réguliers et didac-
« tiques comme on en professe dans certaines
« Sociétés adhérentes, mais procède par sim-

« ples conférences. Ces conférences, entre-
« mêlées de lectures, n'ont point lieu dans un
« local unique, mais se font successivement
« dans tous les quartiers, y compris les fau-
« bourgs.

« Enfin, plus récemment encore, une nou-
« velle Société vient de s'organiser, sous le
« patronage de la Municipalité, et avec le titre
« de : *Conférences populaires municipales*. Fon-
« dée par quelques-uns des professeurs de la
« Faculté des Sciences et du Lycée, elle
« s'adresse au même public que l'Université
« populaire, c'est-à-dire surtout aux ouvriers,
« et, comme elle, se propose de porter la
« bonne parole dans tous les coins de la ville.
« — Cette Société offre cette particularité, —
« de même qu'une Société analogue fondée
« par des professeurs du Lycée de Dijon, — de
« ne pas avoir d'organisation officielle : elle
« n'a, en effet, ni statuts, ni bureau, ni prési-
« dent. Elle s'appuie sur les Sociétés de patro-
« nage des Écoles laïques des différents quar-
« tiers où elle opère.

« On voit, en somme, que toutes ces Sociétés
« font œuvre d'éducation post-scolaire ; elles

« s'adressent essentiellement à un public qui
« n'a fréquenté que l'école primaire ; c'est sur
« une vaste échelle l'œuvre des cours d'adultes.
« Et enfin leur action est limitée à la seule
« ville de Marseille. »

MICHEL CLERC.

*(Extrait du vol. XL. — N° 8. — Paris,
15 août 1900.)*

Le rapport de M. Clerc est un document
curieux à plus d'un titre ; d'après les renseignements qu'il donne :

1° L'Association Polytechnique de Marseille
s'est seulement proposée, lors de sa fondation,
d'offrir un enseignement général aux adultes,
cette Association supposant que l'enseignement
professionnel était suffisamment développé à
Marseille.

En effet, en 1896, à Marseille, l'enseignement
professionnel des adultes était donné : par les
Cours communaux d'enseignement pratique ;
par les cours commerciaux de la Société Académique de Comptabilité et de la Société pour
la Défense du Commerce ; par les Cours tech-

piques des Mécaniciens et Chauffeurs de la
Chambre de Commerce ; par les Cours professionnels de la Bourse du Travail et par les
Cours pratiques des anciens élèves Mécaniciens.

Malgré cette abondance de cours, il y avait
cependant encore un vaste programme à réaliser en matière d'enseignement professionnel.
L'Association Polytechnique de Marseille ne
s'en est pas rendu compte, car elle n'a porté
son attention et ses soins qu'au développement
de l'enseignement des jeunes filles de la bour-
geoisie aisée.

Les lacunes et les insuffisances de l'enseignement marseillais ont été comblées, dans le
cours de l'année 1900, par la fondation de la
Société Marseillaise d'enseignement professionnel (section de l'Association Polymathique
de Paris). *(C. f. Annexe nº 6. — Nomenclature
des Sociétés d'Instruction et d'Education sociales
de la ville de Marseille.)*

2º L'Association Polytechnique de Marseille
aurait fondé l'Université populaire

Il y a là une très grosse erreur. L'enseignement donné par les sections de l'Association

polytechnique de province ou celles de Paris
n'ont absolument rien de commun ou d'analogue avec l'enseignement donné par les Universités populaires. L'institution qu'on a essayé
de fonder sous le nom d'Université populaire :
dite de Marseille, n'a eu pour unique objectif
que d'entraver la création à l'étude de la Société Marseillaise d'enseignement et d'éducation du peuple : *Université populaire de Pro-*
vence, désignée depuis sous le nom de : *Foyer du*
Peuple. Malgré des efforts stériles et des procédés peu louables, aucun groupement sérieux
ne s'est réalisé, ni aucun Syndicat ne s'est constitué autour de l'Association Polytechnique.

Dans le rapport de M. Clerc, il y a lieu de
remarquer que M. Edouard Petit, inspecteur
général de l'Instruction publique, n'est plus
l'instigateur de la blâmable fondation créée
sous le nom d'Université populaire "dite de
Marseille". La responsabilité de cette malen-
contreuse Société est uniquement imputée à
l'Association Polytechnique. M. Ed. Petit s'est
dégagé de cette triste aventure ; dans l'intérêt
de l'Association Poytechnique de Paris, il
serait à désirer que son Conseil d'adminis-

tration prit promptement une décision semblable. *(C. f. Annexe n° 1. — Notice sur le Foyer
du Peuple; et Annexe n° 2. — La première Université populaire de province fondée en France.)*

3° Contrairement aux renseignements donnés par le rapport, la Société des Conférences
Populaires municipales possède des Statuts et
un Conseil d'administration. Le président est
très connu de M. Clerc, c'est M. Charve, doyen
de la Faculté des Sciences de l'Université
d'Aix-Marseille. Le premier vice-président est
aussi très connu de M. Clerc, c'est M. Bédarride,
membre du Conseil municipal, adjoint délégué
à l'enseignement supérieur. Enfin, le deuxième
vice-président est non moins connu de M. Clerc,
attendu que c'est M. Clerc lui-même.

Si cet extrait du rapport sur l'*Extension Universitaire à Marseille* donne des renseignements
inexacts, c'est qu'il a été rédigé au moins une
année avant d'être publié, qu'il est resté longtemps sur le marbre et que, dans cet intervalle,
la Société des Conférences populaires Municipales a mis dans le public un règlement précédemment ignoré.

M. Clerc est un professeur plein d'érudition,

très estimé de quiconque le connaît, d'une grande précision dans ses leçons et excessivement scrupuleux pour le choix des documents qu'il présente à ses auditeurs. S'il a publié un rapport erroné, c'est que sa bonne foi a été surprise par les notes de quelques personnes chargées de le renseigner.

Dans le numéro du 15 janvier 1901 de la même *Revue Internationale*, M. Clerc a publié un mémoire sur le Musée archéologique du Château-Borély. Dans ce travail intéressant et nouveau, on retrouve les qualités du savant distingué, dont l'exactitude et la netteté sont si appréciée du public.

Il serait à désirer que l'étude de M. Clerc, sur le Musée archéologique de Marseille, fut popularisée dans les groupements ouvriers. Dans chacune des salles, où toutes les collections sont soigneusement aménagées, on voit s'y dérouler l'histoire du monde depuis les temps les plus anciens ; de plus, on assiste à des leçons précieuses sur les mœurs locale et la socialogie comparée.

CONGRÈS INTERNATIONAL

des Sociétés Laïques d'Enseignement Populaire

TENU A PARIS EN 1900

Extrait des Délibérations

SÉANCE DU 11 SEPTEMBRE

3ᵉ Section. — Enseignement professionnel

Président : M. le Dʳ PEYRÉ, ancien président de l'Union française de la Jeunesse. — *Vice-Président :* M. BOUTILLIER, président de l'Association Sténographique Unitaire. — *Secrétaire :* M. TOUZAC, secrétaire de l'Association Poly-technique. — *Rapporteur :* M. MARDELET, vice-président de l'Association Polytechnique.

La parole est à M. HENRIET, délégué de Marseille.

M. HENRIET. — Mes chers collègues, l'étude que j'ai à présenter sur l'enseignement professionnel des adultes, est très développée et assez complexe ; il serait par conséquent très fastidieux de vous en faire la lecture.

Du reste, dans la séance d'hier soir, il a été décidé que pour activer les travaux de cette assemblée, la lecture du texte des mémoires ne serait plus faite en séance, mais qu'on exposerait seulement les conclusions, avec les considérants des vœux s'il y a lieu.

Voici une des conclusions du mémoire soumis à ce Congrès, par les Sociétés d'enseignement pour les adultes, que je représente ; le vœu a été rédigé par M. Abeille, président de la Société Académique de Comptabilité, section de Marseille, association d'instruction commerciale qui joue un rôle si important dans les principales villes de négoce :

« Considérant que les Employés de bureaux, magasins et ateliers, ayant les mêmes devoirs que les ouvriers manuels, ils doivent leur être complément assimilés en ce qui concerne les droits et prérogatives. A ce titre, la journée de travail de huit heures, acceptée en principe pour la réglementation future, devra être adoptée par les établissements commerciaux,

comme elle l'est déjà en partie par les établissements industriels.

« Le Congrès émet le vœu :

« *Que les maisons de commerce soient invitées*
« *à fermer leurs bureaux au plus tard à sept*
« *heures du soir, afin de pouvoir permettre aux*
« *Employés de toute condition, de s'occuper des*
« *soins intérieurs de leur famille et d'acquérir*
« *les connaissances professionnelles dont ils peu-*
« *vent avoir besoin.* »

Ces considérants et ce vœu ont besoin d'une
explication pour les justifier. A Marseille et
dans quelques villes du Midi, mais tout particulièrement dans le département des Bouches-
du-Rhône, les Employés des comptoirs et magasins, sont retenus fort tard dans les bureaux,
souvent jusqu'à neuf et dix heures du soir. Si
pour protester contre de semblables usages, ils
ne se mettent pas en grève, comme certaines
corporations d'ouvriers manuels, soyons bien
persuadés que la rebellion est dans leur cons-
cience.

La très grande majorité des employés de
commerce est pour ainsi dire exclue de la
famille par le manque complet de loisirs ; de

plus, par comparaison et toutes choses égales d'ailleurs, la valeur technique des employés de commerce marseillais est notoirement inférieure à la valeur des employés des autres villes de France.

Bien que l'apathie des employés méridionaux soit assez générale, il y en a cependant qui cherchent à réagir et qui désirent augmenter les trop sommaires notions scientifiques qu'ils ont reçues sur les bancs des écoles publiques. Beaucoup, se préoccupant de la nécessité d'accroître la somme des connaissances pratiques qui leur manque, s'inscrivent à nos cours du soir. Mais, et ce n'est pas sans un profond serrement de cœur que nous le constatons, quelques patrons, non des moindres parmi les gros négociants, par d'énormes exigences de temps de présence dans les bureaux, mettent leurs employés dans l'impossibilité de pouvoir suivre nos leçons avec exactitude et persévérance.

Les Syndicats professionnels des ouvriers manuels, rassemblés autour des Bourses du Travail, parmi des revendications quelquefois plus tapageuses que justifiées, il faut le regretter, ont pu faire abaisser les heures de présence dans les usines, ateliers et manufactures; en outre, il ont imposé le principe d'une journée de huit heures. C'est là un gros succès, dont il faut les féliciter, plein d'espérance pour l'amélioration dans l'avenir de l'éducation sociale des travailleurs de notre pays.

Au nom de la Société Académique de Comptabilité de Marseille et au nom de tous mes commettants, je vous prie, mes chers collègues, de donner la haute sanction de votre approbation aux conclusions et au vœu que je soumets à l'autorité de ce Congrès. Nous vous demandons d'être les protecteurs des employés de commerce, que les traditions de nos mœurs méridionales empêchent encore de se syndiquer. Nous vous demandons pour eux une limitation rigoureuse des heures du travail, afin qu'ils puissent obtenir les jouissances intellectuelles et morales auxquelles ils ont droit.

Pour lutter contre l'âpreté de la concurrence économique des nations qui nous environnent, il est urgent que les auxiliaires de nos comptoirs et de nos magasins puissent largement s'instruire par des loisirs assurés.

M. EDOUARD PETIT, inspecteur général, représentant M. le Ministre de l'instruction publique. — Mes chers collègues, je vous demande
bien pardon d'user si souvent de la parole,
dans le cours de vos délibérations, mais je
tiens à dire immédiatement, que je me rallie
complètement à la proposition de M. Henriet.
Je crois que nous pouvons parfaitement demander que les maisons de commerce, — et aussi
tous les établissements industriels, — car il
est bon d'appliquer à ce vœu le sens le plus
large, — de donner aux employés et ouvriers,
toutes les facilités désirables pour que les
cours du soir puissent être suivis avec fruit.

J'ai constaté en effet qu'à Marseille, dans
toutes les Associations d'adultes que j'ai pu
visiter et notamment aux cours techniques
des Mécaniciens et Chauffeurs de la marine,
organisés par la Chambre de Commerce, un
grand nombre de jeunes gens assistaient aux
leçons l'estomac vide. Par suite des habitudes
des mœurs locales, les élèves studieux qui
suivent les cours souvent ne peuvent dîner
qu'à onze heures du soir. Ému par une semblable situation, j'ai pris des renseignements

pour en connaître les causes, on m'a répondu
que cela tenait aux exigences du courrier
postal du soir. Il est possible que le service
des postes joue un rôle quelconque dans les
coutumes marseillaises, cependant je ne pense
pas que ce soit là l'unique raison, d'une fermeture si tardive des bureaux et ateliers. Il ne
faut pas se le dissimuler, notre civilisation
contemporaine n'est pas encore partout bien
comprise. A Marseille surtout, il y a des sur-
vivances provenant d'influences exotiques, qu'il
serait urgent de pouvoir radicalement modifier, pour leur donner une forme plus libérale.

Une question analogue à celle que M. Henriet
présente à votre examen, a été soulevée en
Allemagne. Là, il faut le reconnaître, elle a
reçu une solution étendue, que nous serions
heureux de voir s'acclimater en France. Dans
les villes commerciales et industrielles de
l'Allemagne, dit le rapport si documenté,
rédigé par MM. Maurice Wahl et Antony Vala-
brègue, trois fois par semaine pendant deux
heures, les employés et ouvriers sont distraits
de leur travail ordinaire, pour suivre des cours
spéciaux se rapportant à leur profession.

Je ne demande pas que nous imposions telles ou telles heures à nos maisons patronales cela serait peut-être d'une application difficile en France. Mais nous pouvons sans crainte d'exagération, émettre le vœu proposé : « que les jeunes gens et les jeunes filles, travaillant dans les bureaux, dans les magasins ou dans les ateliers, obtiennent des maisons patronales qui les emploient toute facilité pour suivre les cours, soit commerciaux soit industriels, pour permettre ainsi aux personnes qui désirent s'instruire, de pouvoir acquérir les connaissances professionnelles dont elles apprécient les avantages. »

L'apprentissage en France a considérablement besoin d'être perfectionné. Par la nécessité de l'usage des machines-outils, on arrive à renfermer les jeunes apprentis dans des spécialités. C'est aux sociétés d'instruction et d'éducation populaires, — et j'espère que ces sociétés seront mixtes, c'est-à-dire à la fois patronales et ouvrières — à remédier aux inconvénients, d'un machinisme qui s'impose et que nous ne pouvons plus éviter. Souhaitons qu'en France, comme cela se pratique en

Allemagne; les patrons se privent par semaine
de quelques heures de travail effectif de leurs
apprentis, pour leur permettre de se perfec-
tionner et de s'instruire dans les usages de
leur profession. Je vous demande d'accorder
le sens le plus large au vœu de M. Henriet, en
lui donnant toute l'ampleur dont il est sus-
ceptible.

M. LE PRÉSIDENT. — Je mets aux voix le vœu
présenté par M. Henriet, ainsi conçu :

« *Que les chefs d'établissements commerciaux
et industriels, donnent toute facilité à leurs
employés et ouvriers des deux sexes, pour qu'ils
puissent suivre les cours théoriques et pratiques
mis à leur disposition, par les Sociétés d'enseignement professionnel.* »

Le vœu est adopté à l'unanimité,

M. HENRIET. — Je vous remercie, mes chers
collègues, du bienveillant accueil fait aux propositions qui viennent de vous être soumises,
au nom de la Société Académique de Comptabilité de Marseille et des Sociétés d'enseignement populaire que je représente, je vous
en remercie.

M. LE PRÉSIDENT. — Mais c'est nous, mon cher collègue, qui vous remercions des considérants et de l'excellent vœu que vous avez soumis à nos délibérations.

En descendant de la tribune, M. Henriet reçoit de vives et chaleureuses félicitations de l'Assemblée toute entière, particulièrement de la part de M. l'Inspecteur général représentant le Ministre de l'instruction publique et de M. Malétras, le sympathique président organisateur du Congrès.

LA SOCIÉTÉ ACADÉMIQUE DE COMPTABILITÉ
et les Congrès

Les travaux de la Délégation de la Section de Marseille de la Société Académique de Comptabilité de Paris, aux Congrès tenus dans le cours de l'Exposition Universelle de 1900. — Compte-rendu présenté à la distribution solennelle des prix et récompenses de la Section de Marseille, le 22 octobre 1900.

A l'occasion de l'Exposition Universelle de Paris, un grand nombre de Congrès internationaux, portant sur l'ensemble des connaissances humaines, ont réuni non seulement des personnalités éminentes venues un peu de tous les pays, mais aussi des délégations de Sociétés et de Syndicats des principales associations savantes ou populaires organisées en France.

Plus de deux cent cinquante Congrès ont été tenus pendant le cours de l'Exposition. En principe, les Congrès se sont occupés tout particulièrement des sciences sociales. Quoique leurs travaux soient des plus divers, on peut certainement prévoir qu'ils auront une influence heureuse et même prépondérante sur la marche des idées, dans les années qui vont suivre l'Exposition Universelle de 1900.

Parmi les Congrès de toute nature dont les discussions seront consignées dans des publications spéciales, il faut signaler ceux qui se rapportent le plus directement à l'enseignement commercial populaire, préconisé si ardemment par la Société Académique de Comptabilité de Paris et par les différentes sections fonctionnant en province sous son patronage direct.

Les Congrès dont on devra consulter les travaux sont les suivants : Voyageurs et Placiers de Commerce ; Associations d'anciens élèves des Écoles de Commerce ; Commerce et Industrie ; Navigation ; Règlementation douanière ; Enseignement des langues vivantes ; Colonies ; Droit comparé ; Marine marchande ; Enseignement technique commercial et industriel ; Sociologie coloniale ; Presse de l'enseignement ; Sténographie ; Sciences ethnologiques ; Géographie économique et commerciale ; Éducation sociale ; Chemins de fer ; Droit maritime ; Sociologie didactique ; Repos du dimanche.

Par ses professeurs, par ses correspondants et par ses élèves, la Société Académique de Comptabilité de Paris et ses nombreuses sections de province ont pris une part plus ou moins directe à tous ces Congrès. Il en sera rendu compte au fur et à mesure de la mise dans le public des mémoires actuellement sous presse. En outre, on en aura connaissance d'une manière des plus effectives par l'enseignement pratique qui se fait dans les cours et conférences.

Sur l'initiative d'une de ses assemblées générales de professeurs, avec l'aide d'allocations offertes par le Conseil général des Bouches-du-Rhône et par le Conseil municipal de la ville de Marseille, la Société Académique de Comptabilité de Marseille a pris une participation active au Congrès international des Sociétés laïques d'enseignement populaire. La section de Marseille a été représentée à ce Congrès par son directeur, M. Joseph Abeille, comme délé-

gué président, et par M. Jules Henriet, professeur de géographie économique à la section,
comme délégué secrétaire,

Deux autres délégations marseillaises assistaient à ce Congrès : 1° Les Cours techniques
des Mécaniciens et Chauffeurs de la Marine,
institués par la Chambre de Commerce, ayant
pour directeur M. Péri, lieutenant de vaisseau
en retraite, et M. Edmond Barthelet, ancien
membre de la Chambre de Commerce, pour
délégué président. — 2° Les Cours professionnels de la Bourse du Travail de Marseille,
ayant M. A. Gascard, professeur au Lycée et
secrétaire général des Conférences populaires
municipales, pour délégué président.

En faisant ce compte-rendu, le secrétaire
général de la Société Académique de Comptabilité est heureux de donner communication
du succès éclatant obtenu par les trois délégations. Il indique tout particulièrement la part
de collaboration remarquablement active prise
dans les délibérations des membres du Congrès par les représentants de la Société Académique de Comptabilité de Marseille.

Pendant quatre jours, les 10, 11, 12 et 13

septembre 1900, le Congrès des Sociétés laïques d'enseignement populaire a tenu des séances plénières le matin et l'après-midi. Les questions mises à l'étude pour être discutées par les membres du Congrès étaient subdivisées en cinq sections : 1º les cours d'adultes en général ; 2º les conférences et l'enseignement par l'aspect ; 3º l'enseignement profession-nel ; 4º l'enseignement des Beaux-Arts ; 5º les Sociétés et Cercles d'instruction et d'éducation.

Les délégués de la Société Académique de Comptabilité de Marseille ont, sans exception, pris part aux délibérations de chacune des dif-férentes sections, mais spécialement dans la section relative à l'enseignement professionnel. Sur l'initiative de son président, M. J. Abeille, et suivant les développements qui ont été exposés à la tribune par M. J. Henriet, son secrétaire, il a été voté des vœux qui ont recueilli l'approbation unanime de l'assemblée.

Les vœux présentés par les délégués de la Société Académique de Comptabilité de Marseille se rapportent à l'*organisation sociale du Travail,* leurs conclusions sont :

1. — *Diminution des heures de présence des employés de toute condition, dans les bureaux, ateliers et magasins : 1° pour que tous les travailleurs quels qu'ils soient puissent avoir suffisamment de loisirs pour s'occuper des soins intérieurs de leur famille ; 2° pour que les employés, quelle que soit la valeur de leur situation, puissent par des études post-scolaires variées, concourir en toute liberté au développement de leur instruction professionnelle.*

2. — *Répartition de l'emploi du temps, dans les corps de troupes à pied et à cheval, à déterminer par le service intérieur des villes de garnisons de la Métropole : 1° pour que les soldats ne s'abandonnent pas à l'oisiveté et à l'alcoolisme; 2° pour que les hommes recrutés par conscription puissent conserver leurs connaissances professionnelles et en acquérir de supplémentaires.*

3. — *Organisation régionale des dépôts de vues photographiques pour projections lumineuses, afin que les conférences des Sociétés populaires d'enseignement et d'éducation, puissent coordonner une unité d'action et d'influence qui, en général, leur fait complètement défaut.*

Les trois vœux dont ce compte-rendu donne le résumé ont reçu une approbation chaleureuse par M. l'Inspecteur général représentant le Ministre de l'Instruction publique. Ils ont reçu aussi de vifs témoignages de sympathie de M. le Secrétaire général de l'Association Polytechnique de Paris, président et organisateur du Congrès.

Si les vœux proposés par M. Abeille, puis rédigés et développés à la tribune par M. Henriet avec une remarquable hauteur de vue, font le plus grand honneur à votre délégation, vos délégués tiennent à dire à leurs collègues que tout le succès de leur mission provient uniquement de ce qu'ils ont pu interpréter avec précision la valeur de l'enseignement de leurs collaborateurs dans l'œuvre post-scolaire si bienfaisante qu'ils ont entreprise en commun, auprès des classes populaires pour lesquelles ils se dévouent.

Les travaux du Congrès international des Sociétés laïques d'enseignement populaire se sont terminés par un banquet où se sont trouvées réunies, autour des principaux maîtres des Universités de France, les notabilités les

plus remarquables des nations étrangères, délé-
guées spécialement pour s'intéresser aux
délibérations de l'assemblée. L'Association
marseillaise des Anciens Élèves Comptables
diplômés était représentée à cette réunion par
Mlle Jouve, une de nos meilleures élèves des
années précédentes. Cette circonstance a valu
une amabilité toute particulière pour la Section de Marseille, et aux compliments adressés
pour les anciens lauréats des cours du soir
par le représentant de M. le Ministre de l'Instruction publique, Mlle Jouve a répondu avec
beaucoup d'à-propos et d'élégance, dans le
délicieux dialecte méridional qui fut longtemps le charme de la Provence.

La délégation marseillaise à l'Exposition
Universelle de 1900 a eu un prolongement assez
inattendu, qui doit être signalé dans ce compte-
rendu, bien que ce ne soit qu'un très sommaire résumé de ses travaux. Sur l'invitation
de M. Malepeyre, un des anciens professeurs
de sections, à ce moment Directeur de l'École
supérieure de Commerce de Rouen, aujour-
d'hui Président de la *Société Académique de
Comptabilité de Paris*, MM. Abeille et Henriet

se sont rendus à Rouen, puis au Havre. Là, renseignés avec attention par leur aimable guide, les délégués ont visité les ports et les magasins du commerce, ainsi qu'un grand nombre d'établissements de navigation des deux principales villes du nord de la France.

MM. Abeille et Henriet remercieront M. le Président de Paris, qui les a si gracieusement guidés pendant qu'il était Directeur de l'Ecole supérieure de Commerce de Rouen, en faisant un travail supplémentaire à celui qu'ils préparent sur le Congrès des Sociétés laïques d'enseignement populaire et qui sera relatif à leur voyage en Normandie.

En résumé, la Section de Marseille a lieu de se féliciter d'avoir envoyé une délégation à Paris d'avoir répondu à l'invitation spéciale de M. le Secrétaire général de l'Association Polytechnique de Paris, président du Comité d'organisation du Congrès. La mission qui a été choisie a collaboré activement aux diverses délibérations du Congrès dont il vient d'exposer sommairement les résultats.

On peut être persuadé que les travaux des délégués, dont les propositions ont si judicieusement traduit la pensée de leurs collègues, porteront des fruits efficaces pour la prospé- rité de toutes les sections de la *Société Acadé- mique de Comptabilité*, pour l'enseignement populaire de la ville de Marseille et pour le développement de l'éducation sociale de la patrie.

ANNEXE N° 6

NOMENCLATURE

DES

Sociétés Laïques d'Instruction Populaire

ET DES

Sociétés d'Education Sociale

DE LA VILLE DE MARSEILLE

1° *Sociétés d'Instruction Populaire*

1. — Ministère de l'Instruction Publique, Cours du soir pour les adultes, dirigés par les instituteurs et institutrices de l'enseignement public. Fondés vers. 1865

2. — Municipalité de Marseille, Cours communaux d'enseignement pratique. Fondés vers. 1880

3. — Société Académique de Comptabilité pour l'enseignement commercial (Section de Marseille). 1884

4. — Société pour la Défense du Commerce, Syndicats patronaux, Cours commerciaux gratuits 1885

2o Sociétés d'Education Sociale

5. — Fédération des Sociétés des Amis de l'Instruction laïque de la ville de Marseille. 1901

La Fédération se compose des Sociétés suivantes, réparties dans les différents quartiers :

1. — Blancarde, fondée en 1884
2. — Chartreux-Saint-Charles 1891
3. — Rue Grignan 1892
4. — Quartier Vauban 1892
5. — Saint-Barnabé. 1892
6. — Saint-Marcel 1895
7. — Boulevard Baille. 1897
8. — Belle-de-Mai 1897
9. — Endoume-Catalans. 1899
10. — Madrague-Cabucelle 1899
11. — Major-Joliette. 1899

Les Sociétés des Amis de l'instruction organisées dans la ville de Marseille sont des sortes de patronages laïques, mais ces Sociétés ne s'occupent guère que des garçons fréquentant les écoles municipales. La caisse des écoles n'existant pas à Marseille, les Sociétés des Amis de l'instruction, par leurs souscripteurs et par leurs allocations, en tiennent pour ainsi dire lieu. Les tendances politiques un peu exclusives des Sociétés des Amis de l'instruction, en limitent le recrutement et les ressources, il en résulte que leur autorité pédagogique est presque nulle et leur influence éducative relativement restreinte.

En outre des Sociétés laïques d'instruction populaire et des Sociétés d'Education sociale, désignées ci-dessus, il existe à Marseille un grand nombre de Sociétés diverses, telles que : Associations amicales d'anciens élèves, Sociétés d'études sociales, mutualités, patronages, cercles, conférences, bibliothèques et autres œuvres confessionnelles.

LES COURS D'ADULTES

en 1900-1901

Rapport adressé à *M. CAUSERET, inspecteur d'Académie à Marseille, par M. E. TOUTEY, inspecteur primaire, deuxième circonscription des Bouches-du-Rhône.*

Sociétés d'instruction populaire

Les Sociétés d'instruction populaire sont :

1° L'Association Polytechnique ; 2° La Société Académique de Comptabilité ; 3° La Société pour la Défense du Commerce et de l'Industrie ; 4° La Société Lakanal ; 5° L'Université populaire ; 6° L'Association Polymathique ; 7° La Fédération des Amis de l'instruction.

Il convient de citer, en outre des cours de ces diverses Sociétés, les cours techniques ou professionnels de la ville de Marseille, ainsi que ceux de la Bourse du Travail.

Des membres de l'*Association Polytechnique*
font des cours de diction et de lecture à haute
voix, de médecine et de petite chirurgie, de
solfège et chant choral, d'hygiène générale,
de physique élémentaire, de mécanique appliquée, de perspective, de littérature, de chimie
appliquée à l'hygiène, de mathématiques élé-
mentaires, d'histoire, de dessin géométrique,
d'algèbre, de sténographie. Ces cours sont, en
général, suivis par un nombre important d'auditeurs. Quelques-uns réunissent plus de 150
présences.

La *Société Académique de Comptabilité*, comme
les années précédentes, a fait des cours gratuits de tenue de livres, de comptabilité, de
droit usuel, de droit maritime, de droit commercial, de douane, de calligraphie, de sténographie, de géographie commerciale, d'éco-
nomie politique, d'algèbre, d'arithmétique,
d'anglais, d'allemand, d'italien, d'espagnol, de
russe, de grec moderne, d'arabe.

L'enseignement a été donné par 34 professeurs, soit 4 de plus que l'an dernier. Le nombre total d'élèves qui ont fréquenté les cours a
été de 1260. Il avait été l'an passé de 1120.

La *Société pour la Défense du Commerce* a encore organisé cette année, à l'Ecole de Commerce, des cours publics et gratuits pour les adultes. Les auditeurs, au nombre de 350 environ, ont suivi régulièrement les cours de correspondance commerciale, de tenue de livres, de calligraphie, de sténographie, de français, d'anglais, d'allemand, d'italien, d'espagnol.

L'Université populaire, la *Fédération des Amis de l'instruction,* ainsi que la *Société des Conférences de l'Hôtel de Ville* et l'*Association Polymathique,* ont organisé toute une série de conférences fort suivies.

L'*Association Lakanal,* dont la date de fondation remonte à 1899, compte actuellement 120 membres. Elle a fourni de nombreux conférenciers à plusieurs écoles et plus particulièrement à celle de la Traverse du Chapitre, à Marseille.

Cours communaux. — La ville de Marseille a continué en 1900-1901 de subventionner des cours communaux d'anglais, d'italien, de sténographie, de comptabilité, de dessin d'ornement, de dessin industriel, d'électricité et de calligraphie.

La dépense s'est élevée à 9.800 francs. L'indemnité par an et pour chaque heure d'enseignement par semaine a été en moyenne de 150 francs.

Chaque année, une distribution solennelle de prix aux meilleurs élèves a lieu à l'Hôtel de Ville.

Bourse du Travail. — La Commission des Cours professionnels, nommée par l'Union des Chambres Syndicales, compte actuellement 21 membres.

Elle a organisé, tant à la Bourse du Travail qu'à l'annexe de la rue Montaux, 25, des cours pratiques de géométrie et de dessin industriel, de stéorotomie et de marbrerie, de coupe, d'assemblage pour dames, de tailleurs d'habits, de serrurerie, de cordonnerie, de charpente, de cimentage, de carrosserie, de peinture, de comptabilité, d'électricité. Ces cours sont professés par des contre-maîtres d'ateliers.

De tous côtés, on s'est mis à l'œuvre : instituteurs et institutrices, professeurs et conférenciers, ont répondu avec empressement à l'appel qui leur avait été adressé.

Ils ont compris combien le rayonnement de

l'école paraît avoir une heureuse influence sur l'instruction ainsi que sur l'éducation morale et sociale de la jeunesse française ; ils ont créé un mouvement qui, espérons-le, ne fera que s'accroître, mais qui a été particulièrement rapide au cours de ces dernières années.

L'Inspecteur primaire,
É. TOUTEY.

(Extrait du Bulletin de l'Enseignement primaire. — Marseille, 24ᵉ année. — Supplément de Juin 1901.)

Critiques du Rapport
formulées par le Conseil des Etudes
de l'Université Populaire :
Le Foyer du Peuple

Le rapport de M. Toutey, inspecteur primaire de la deuxième circonscription de Marseille, est incomplet et il contient quelques inexactitudes. Cela provient de ce que M. le Rapporteur est relativement peu familiarisé avec ses fonctions nouvelles et qu'il ne connaît pas encore suffisamment toutes les institutions populaires de sa circonscription. Pour l'année prochaine, le *Foyer du Peuple* propose à M. l'Inspecteur de consulter, dans ce volume, l'*Annexe n° 6 : Nomenclature des Sociétés laïques d'Instruction populaire et des Sociétés d'Education Sociale de la ville de Marseille.* Il trouvera dans ce document une liste complète des Sociétés d'adultes qui l'intéressent.

Dans son rapport, M. Toutey a oublié les Cours techniques des Mécaniciens et Chauffeurs de la Chambre de Commerce et les Cours pratiques des Anciens Elèves Mécaniciens. Cela est regrettable, car ces deux institutions rendent des services considérables à la classe ouvrière : elles méritent d'être signalées au premier rang.

Pour rédiger un rapport sur les Sociétés d'instruction populaires, il y a deux méthodes à adopter dans la nomenclature : 1° La méthode par ordre chronologique de fondation ; 2° La méthode par ordre d'importance des services rendus. Le premier système est de beaucoup préférable, il ne peut blesser la susceptibilité de personne.

Association Polytechnique. — Si la liste donnée dans le rapport indique les cours annoncés par les programmes, elle est incomplète : le prospectus pour l'année scolaire présente, en énumère un nombre plus grand. Si la liste se rapporte aux cours suivis par les élèves, elle est considérablement trop longue : la plupart des cours n'ayant jamais eu d'auditeurs.

Le rapport dit : *Quelques cours ont eu plus de 150 personnes.* Cette constatation indique-t-elle des présences sur toute l'étendue de l'année scolaire, ou indique-t-elle des présences pour une seule séance ? Dans le premier cas, elle n'indiquerait pas une prospérité à signaler ; dans le second cas, il serait nécessaire de la rectifier, car elle serait réellement par trop exagérée.

Société Académique de Comptabilité. — Les renseignements donnés sont assez exacts, cependant le nombre des cours indiqués est très incomplet.

Société pour la Défense du Commerce. — Les renseignements sont exacts, mais on aurait dû signaler la remarquable extension donnée, dans une section spéciale, à l'enseignement commercial des jeunes filles.

Université populaire. — La désignation de cette institution manque de clarté. On ne sait s'il s'agit de l'Université populaire : *Le Foyer du Peuple*, ou de l'Université populaire "dite de Marseille". Mais il est à supposer que le rapport a voulu indiquer le *Foyer du Peuple*. M. l'Inspecteur étant vice-président de l'Université populaire "dite de Marseille", il est certain qu'il ne s'est pas proposé de signaler à l'attention du public et surtout des membres de l'enseignement, cette œuvre fondée sur les ambiguïtés déloyales qu'il n'ignore pas. Aussi il faut remercier M. l'Inspecteur d'avoir bien voulu consigner les travaux du *Foyer du Peuple*, à l'exclusion de l'Université populaire "dite de Marseille".

Fédération des Amis de l'Instruction. — Le rapport aurait dû expliquer que la *Fédération* ne fait pas de conférences, mais seulement qu'elle organise les auditoires pour les conférenciers que lui envoient les Sociétés d'Enseignement et d'Education en relation avec elle.

Société des Conférences populaires Municipales. — Cette institution a une influence croissante sur le public des travailleurs. M. l'Inspecteur paraît la connaître assez mal, car il la désigne inexactement sous le nom impropre de *Conférences de l'Hôtel de, Ville*, ce qui semble faire supposer que les réunions se font uniquement dans cet édifice, tandis que les Conférences populaires Municipales rayonnent dans tous les quartiers de Marseille, surtout dans les banlieues. Le rapport aurait pu dire aussi, puisqu'il donne des chiffres précédemment, que les séances réunissent souvent cinq à six cents personnes.

Société Lakanal. — M. l'Inspecteur ne semble pas très familier avec cette Société ; comme pour un grand nombre d'autres, il la dénomme mal. Les Conférences Lakanal ne se font pas exclusivement dans les écoles, elles ont pour centres les milieux ouvriers, tels que bars, cafés, jeux de boules et groupements ouvriers.

Association Polymathique. — Société encore trop nouvelle pour qu'on puisse se rendre compte de son influence.

Cours Communaux. — Le rapport ne parle pas de l'assiduité des élèves aux leçons, mais il signale l'énorme somme qui leur est attribuée sur le budget municipal. La dépense est considérablement trop élevée, en comparaison des services rendus. Avec une pareille allocation, la ville de Marseille devrait certainement obtenir des résultats scolaires beaucoup plus sérieux.

Bourse du Travail. — L'enseignement donné dans les Cours professionnels organisés par les soins des Syndicats ouvriers est appelé à un grand avenir. Le présent laisse encore énormément à désirer, mais il y a lieu d'être provisoirement satisfait, étant donné les succès réalisés sur le passé.

Dans certains centres ruraux du département des Bouches-du-Rhône, on conserve de singulières ignorances ou de bien regrettables préjugés, sur les services sociaux que peut rendre l'enseignement des adultes.

Quelqu'étrange que cela paraisse, on remarque dans le rapport de M. Toutey, au sujet des conférences du soir, faites par les membres de l'enseignement public, que sur les dix-huit communes de l'arrondissement de Marseille, quatre d'entre elles ont refusé de fournir le chauffage et l'éclairage. Les maîtres qui exercent dans ces communes, ont été obligés de prélever sur leur modeste traitement la somme nécessaire au bon fonctionnement de l'œuvre.

On constate partout, que les cours d'adultes, les conférences et les causeries, ont une heureuse influence sur le choix des lectures dans l'intérieur des familles. Il serait à désirer que chaque école fut dotée d'une bibliothèque composée de livres instructifs et intéressants.

Il paraît que les bibliothèques scolaires qui existent actuellement, n'offrent pas toujours aux lecteurs des livres suffisamment intéressants pour les populations soit ouvrières, soit rurales.

La multiplicité des bibliothèques scolaires développerait le goût de la lecture individuelle, par là on parviendrait certainement à faire disparaître un grand nombre de préjugés. Si la lecture personnelle silencieuse était plus répandue, elle provoquerait la réflexion, elle rectifierait le jugement et elle rendrait les populations moins soupçonneuses dans leurs relations.

Les bibliothèques scolaires sont en principe absolument délaissées. Ce n'est pas seulement dans les Bouches-du-Rhône que l'on constate leur lamentable état. Les justes remarques de M. Toutey sont confirmées par le magistral rapport que M. Ed. Petit, inspecteur général de l'Instruction publique, vient de présenter à M. le Ministre, pour l'année 1900-1901. Les crédits de l'Etat sont insuffisants et les communes, le plus souvent, ne veulent consentir à aucune allocation.

On rencontre d'étranges déceptions auprès de la plupart des Assemblées municipales et départementales. Parfois on est à se demander, si les progrès intellectuels espérés par l'instruction primaire, n'auraient abouti en réalité qu'à une décevante illusion.

~~~~~~

CONGRÈS D'AJACCIO

ASSOCIATION FRANÇAISE

pour l'avancement des Sciences

28, Rue Serpente, Hôtel des Sociétés Savantes

PARIS (VIᵉ)

——————————————

Lettre-Circulaire

————

Paris, le 30 Avril 1901.

A Monsieur Jules Henriet,
Président du "Foyer du Peuple", membre de
l'Association française pour l'avancement des
Sciences,
       204, Rue Paradis, Marseille.

MONSIEUR ET CHÉR COLLÈGUE,

La Session de l'Association française pour l'avancement des Sciences aura lieu, cette année, à Ajaccio, du 8 au 14 septembre.

Je serais heureux de vous compter au nombre des membres actifs de la Section de l'enseignement (XVII° section) que j'ai l'honneur de présider.

A cet effet je vous serais obligé de me faire savoir prochainement quelles questions vous désireriez faire inscrire au programme et sur lesquelles vous seriez à même de faire des communications pouvant donner lieu à des discussions intéressantes.

Parmi ces questions, celles qui se rattachent à l'enseignement libre prennent, depuis quelques années, sous des formes multiples, un développement considérable et offrent un intérêt d'ordre public et social qu'on ne saurait méconnaître.

Je me permets d'attirer spécialement votre attention sur l'ensemble des œuvres pédagogiques, dues à l'initiative privée, pour l'instruction et l'éducation sociale des adultes, désignées par les noms d'*Enseignement postscolaire,* et plus particulièrement d'*Extension universitaire,* et sur la forme nouvelle que ces œuvres tendent à revêtir par la création des *Universités populaires.*

Vous trouverez ci-contre un exposé sommaire de la question que je soumets à vos réflexions et qui pourra servir de base à la discussion.

Veuillez agréer, Monsieur et cher Collègue, l'assurance de mes sentiments les plus distingués.

Le Président de la XVIIe Section,
DE MONTRICHER,
Président de l'Association Polytechnique
et de l'Université Populaire de Marseille.

———————

Enseignement Post-Scolaire

ET

Extension Universitaire

L'*Enseignement post-scolaire* est resté en France, pendant plus d'un demi-siècle, le monopole d'un petit nombre de Sociétés puissantes et fortement organisées qui ont largement contribué à la vulgarisation scientifique et à la diffusion des connaissances techniques et professionnelles. Telles les *Associations polytechnique, philotechnique, philomathique, la ligue de l'Enseignement, l'Union française de la Jeunesse*, etc., etc.

Mais, depuis quelques années, des cours d'adultes du soir dirigés par des instituteurs publics, sous le patronage des municipalités et de nombreuses Sociétés particulières d'instruction et d'éducation populaires se sont fondés et propagés, avec l'appui des pouvoirs publics ou au moyen de contributions diverses.

Enfin la création toute récente des *Universités populaires* a fait surgir dans la plupart

des arrondissements de Paris et dans quelques
ville de province des sortes de Cercles ouvriers
avec salles de conférence, de lecture et de
conversation, de consommations et de jeux
(les jeux d'argent et les boissons anti-hygié-
niques exclus).

L'œuvre des Universités populaires constitue
un essai d'*Extension universitaire*, telle qu'elle
fonctionne depuis quelque vingt ans en Angleterre, à la suite d'un remarquable mouvement
de rapprochement entre la classe ouvrière
constituée en "*Trades Unions*" et la jeunesse
universitaire formée en groupes divers *(fellows)*
analogues à nos associations d'étudiants et
d'anciens élèves.

Pour que l'enseignement populaire français
et l'Extension universitaire constituent une
œuvre prospère et féconde, il faut introduire
dans leur organisation l'ordre et la méthode
qui leur manquent encore, ainsi qu'il en est
généralement de toute affaire nouvelle rapidement accrue.

Les Congrès internationaux d'enseignement
supérieur (Paris, août 1900) et d'enseignement
populaire (Paris, septembre 1900), notre Con-

grès de l'Association française (Paris, août
1900) ont fait dans leurs programmes une large
part à la question de l'Extension universitaire.

Les discussions auxquelles elle a donné lieu
ont dénoté la tendance au principe d'une
entente ou *fédération*, par ville ou région
limitée, entre les Sociétés d'instruction proprement dite, les œuvres de propagande et de
conférences publiques, les associations d'élèves
(grandes et petites) et enfin les mutualités
scolaires et les coopératives.

Ces diverses unités se complètent et se prê-
tent un mutuel appui. Les unes remplissent
l'office de brigades volantes ou d'avant-garde
et préparent le terrain au gros de l'armée que
forme l'enseignement technique et didactique ;
leur action est coordonnée de manière à pré-
venir les déperditions accidentelles de forces
éparses.

Leur groupement comporte enfin les éléments contributifs essentiels de l'Extension
universitaire : *Corps enseignant. — Jeunesse
Universitaire. — Prolétariat formé en groupes
sociaux.*

LE FOYER DU PEUPLE
Université Populaire des Travailleurs Marseillais

CORRESPONDANCE ET RENSEIGNEMENTS :
18, Rue Jeune-Anacharsis. — MARSEILLE

Marseille, le 3 Juillet 1901.

A Monsieur H. de Montricher,
Président de la XVII° Section du Congrès
d'Ajaccio, membre de l'Association française
pour l'avancement des Sciences,
52, Boulevard Notre-Dame, Marseille.

MONSIEUR LE PRÉSIDENT,

Sur les indications de la Société de Statistique et de concert avec les principales Sociétés d'Enseignement post-scolaire et d'Education populaire de Marseille, un certain nombre de questions ont été rassemblées pour les faire inscrire au programme, pouvant donner lieu à des discussions, au prochain Congrès d'Ajaccio, organisé par l'Association française pour l'avancement des Sciences.

Les questions rassemblées par la Société de Statistique de Marseille sont proposées en vue de répondre à la circulaire du 30 avril dernier.

Afin que vous puissiez vous rendre compte des subdivisions de discussions projetées et comme délégué au Congrès d'Ajaccio, je vous envoie ci-inclus le texte arrêté dans la dernière séance de la Société de Statistique.

Je vous prie d'agréer, Monsieur le Président, l'expression de ma considération distinguée.

JULES HENRIET,

Vice-Président de l'Association Polymathique
et Président de l'Université Populaire :
Le Foyer du Peuple de Marseille.

Enseignement Post-Scolaire

ET

Education Sociale

I. — Enseignement Post-Scolaire

1. — *Instruction des adultes.* — Instruction primaire : cours d'adultes des instituteurs et institutrices de l'enseignement public ; cours du soir pour les ouvriers. — Instruction secondaire : Enseignement professionnel : commercial, industriel et agricole ; syndicats ouvriers et syndicat patronaux ; conférences, lectures et causeries. — Instruction supérieure : Sociétés savantes littéraires, scientifiques et artistiques ; bibliothèques et musées ; promenades et excursions ; expositions et congrès.

2. — *Universités populaires.* — Définition des Universités populaires : confusion d'objectif dans les classes bourgeoises entre les Universités populaires et les Universités classiques, confusion dans les classes laborieuses entre

les Universités populaires et les institutions post-scolaires. — Origines des Universités populaires : organisation de la première Université populaire à Paris ; rôle de "La Coopération des Idées" dans la vulgarisation de ces institutions ; *quelle est la première Université populaire de province fondée en France ;* influence des extensions universitaires anglaises et allemandes. — Objectif des Universités populaires : Les programmes et les méthodes ; les écueils des Universités populaires ; la politique militante et l'anticléricalisme.

3. — *Fédérations post-scolaires.* — Différentes natures d'institutions post-scolaires : Sociétés d'enseignement, Sociétés d'anciens élèves, mutualités scolaires, mutualités ouvrières, Sociétés des amis de l'instruction. — Associations amicales : patronages post-scolaires ; stérilité morale des associations d'anciens élèves, leur mauvaise adaptation des principes de solidarité ; égoïsme et résultats antisociaux des Sociétés amicales. — Syndicats et associations professionnelles, syndicats patronaux et syndicats ouvriers ; unions syndicales ; la lutte des classes.

II. — Education Sociale

1. — *Education sociale et évolution universelle.* — La nouvelle conception scientifique de
l'Univers, transformation des idées sociales ;
idées progressives, idées régressives. — Les
idées sociales du présent : la crainte, la ven-
geance, la chute originelle, la charité. — Les
idées sociales de l'avenir : la confiance, le pardon, le progrès constant de l'humanité, la
solidarité.

2. — *Education sociale et législation pénale.*
— Influence sociale de la législation : inutilité
de l'emprisonnement comme moyen de mora-
lisation ; les peines de l'emprisonnement doivent en grande partie être remplacées par
l'affichage public. — Le casier judiciaire :
son immoralité, sa cruauté, son insuffisance
comme garantie contre les délictuels, ses effets
anti-sociaux. — Education pénitentiaire : les
patronages de libérés et adolescents ; les enfants traduits en justice.

3. — *Education sociale et morale publique.* —
Le respect dû à la correspondance privée : indé-
licatesse des personnes qui communiquent des
correspondances privées à des tiers. — *La déla-
tion et la diffamation : immoralité sociale des
diffamateurs ; le plus ou moins de dénonciateurs
dans une nation, est le criterium des mœurs et de
l'honorabilité d'une population ; atavisme de bar-
barie chez les dénonciateurs et les diffamateurs.*
— L'éducation sociale d'un peuple : les administrations publiques ; vexations de fonctionnaires ; les classes dirigeantes, leurs rapports
autoritaires avec les employés et les ouvriers ;
les classes laborieuses, état d'infériorité où
elles se maintiennent par l'ignorance et l'alcoolisme ; le sectarisme : intolérance politique
et religieuse des associations populaires.

ANNEXE N° 9

PÉTITION AUX CHAMBRES

POUR

l'attribution du Repos hebdomadaire

AUX EMPLOYÉS

de Commerce, de Bureaux et de l'Industrie

————

MESSIEURS LES SÉNATEURS,

MESSIEURS LES DÉPUTÉS,

Convaincus de la bienveillance que vous témoignez aux améliorations sociales, les sous-signés, *Employés de Commerce, de Bureau et de l'Industrie*, ont l'honneur de vous exposer ce qui suit :

Alors que des lois libérales ont, en ces derniers temps, particulièrement amélioré la situation des ouvriers, celle des employés n'a profité d'aucun changement notable. Ne bénéficiant encore ni de la loi sur les accidents, ni de celle de la règlementation du travail, ni de celle sur la juridiction prud'hommale, parmi

9

tant d'autres, ils se voient aussi privés du repos hebdomadaire.

Les revendications ouvrières, justifiées d'ailleurs, ont sur ce sujet presque partout prévalu et, généralement, les ouvriers n'ont à remplir qu'une journée normale et jouissent d'un repos régulier.

Bien différente est la situation de l'employé : A son magasin dès le matin, n'en sortant qu'à une heure tardive, avec un maigre arrêt pour ses repas, il n'a ni trêve ni repos.

Veut-il travailler à son perfectionnement intellectuel, à l'amélioration de ses connaissances professionnelles ? Le temps lui manque.

Marié, il ne peut se donner à une famille qu'il ne voit qu'à de courts moments. Doit-on, par conséquent, trouver étrange la répugnance de la grande majorité des employés à se constituer un foyer auquel ils ne pourraient consacrer que de rares instants, le plus souvent empoisonnés par la lassitude et les tracas professionnels ?

Les employés ne sont que des hommes et, comme tels, ils ont droit à un repos nécessité par la conservation de l'énergie humaine.

C'est sur ce point,

Messieurs les Sénateurs,

Messieurs les Députés,

que nous appelons tout particulièrement votre bienveillante attention et nous comptons sur votre sollicitude sociale pour nous faire légalement bénéficier d'un repos équitable.

Un peu partout, des esprits généreux ont prêché pour les Employés de Commerce et de l'Industrie ; ailleurs, ceux-ci ont conquis eux-mêmes le bénéfice du repos hebdomadaire. Un mouvement général se produit incontestablement dans ce sens. Ne serait-il pas meilleur de suppléer à ces initiatives par une loi règlementant le travail des employés au même titre que celui des ouvriers ?

En inscrivant dans la loi le droit au repos hebdomadaire, vous travaillerez à l'amélioration matérielle et morale d'un corps nombreux, jusqu'à ce jour oublié par le législateur.

Nous sommes certains,

Messieurs les Sénateurs,

Messieurs les Députés,

qu'en agissant ainsi vous ne porterez atteinte ni aux intérêts des commerçants, ni à ceux du public ; ceux-là sauront retrouver dans leur personnel retrempé un surcroît d'énergie ; celui-ci plus de prévenance et de bon vouloir.

L'expérience a d'ailleurs, dans les pays soumis à une loi semblable, démontré le bien fondé de cette mesure.

C'est dans l'espoir de voir agréer notre requête, que nous vous prions de croire,

Messieurs les Sénateurs,

Messieurs les Députés,

à l'entière reconnaissance des *Employés de Commerce, de Bureau et de l'Industrie.*

———

Pour les signatures et les adhésions à cette pétition, ainsi que pour les légalisations et les renseignements dont on peut avoir besoin, s'adresser : soit au Secrétariat de l'Université populaire : *Le Foyer du Peuple,* soit au Secrétariat du *Syndicat professionnel des Employés de Commerce,* soit au Secrétariat de la *Bourse du Travail,* rue de l'Académie, Marseille, Bouches-du-Rhône.

———

CONGRÈS NATIONAL DES ŒUVRES POST-SCOLAIRES
de Montpellier

Du 24 au 28 juillet 1901, a eu lieu à Montpellier, le deuxième Congrès national des œuvres post-scolaires. La ville de Marseille était représentée à ce Congrès par des délégations de ses principales institutions d'enseignement et d'éducation du peuple.

Les groupements post-scolaires de Marseille ayant adhéré aux délibérations du Congrès sont les suivants : 1º Société Marseillaise d'enseignement professionnel (Association Polymathique). — 2º Société Académique de Comptabilité pour l'enseignement commercial (section de Marseille). — 3º Société des Conférences Populaires municipales. — 4º Société Lakanal pour l'enseignement des adultes. — 5º Université populaire : *Le Foyer du Peuple*. — 6º Association Polytechnique (section de Marseille). — 7º Société des Amis de l'Instruction laïque (section de la rue Grignan).

Les travaux du Congrès ont été répartis dans cinq Commissions subdivisées ainsi : 1º Les principes et le rôle social des œuvres post-scolaires. — 2º L'éducation physique dans les écoles et la préparation au service militaire. — 3º Les associations de jeunes filles, les ouvroirs et l'éducation ménagère. — 5º Les Patronages scolaires, les Sociétés de placement et les Sociétés pour les libérés.

Parmi les décisions adoptées par la séance plénière, la délégation des Sociétés d'Instruction et d'Education sociales de Marseille est heureuse de signaler la reprise à l'unanimité du vœu émis l'année dernière pendant l'Exposition Universelle, *sur la diminution des heures de présence des employés de toute condition, dans les bureaux, magasins et ateliers.* La prompte réalisation de ce vœu est l'objet de toute la sollicitude du Conseil des Etudes du *Foyer du Peuple*, de ses adhérents, de ses correpondants et des Sociétés populaires avec lesquelles il est en relations.

Un très grand nombre d'autres propositions ont été examinées dans les différentes réunions. Ne pouvant les énumérer toutes, à cause de leur ampleur et de leur caractère propre, nous donnons le texte d'une des allocutions prononcées à la dernière séance, par M. Jules Henriet, l'un des délégués de Marseille. Cette allocution précise avec assez de netteté, la nature des travaux du Congrès, présidé par M. le Recteur de l'Académie de Montpellier, représentant M. le Ministre de l'Instruction publique :

Monsieur le Recteur,
Mesdames, Messieurs,

Au nom des Sociétés d'instruction et d'éducation sociales de Marseille, que je représente au Congrès National des œuvres post-scolaires de Montpellier, ainsi qu'en mon nom personnel, j'exprime ici les sentiments de haute sympathie que nous ressentons tous pour les initiateurs de cette brillante assemblée, pour les organisateurs des Commissions d'études et pour l'ensemble des collaborateurs et collaboratrices, qui ont participé aux travaux des réunions.

Le Congrès National des œuvres post-scolaires de Montpellier a émis des vœux de la plus grande valeur. Ces résolutions n'auront certainement pas dès demain la sanction définitive qu'exigerait leur importance, cependant toutes, nous en sommes persuadés, seront l'objet de la plus attentive con-

sidération, non seulement de la part des pouvoirs
publics : ce qui serait insuffisant, — mais surtout
de la part des coopérateurs à nos généreuses
associations d'initiative privée : ce qui est beaucoup plus désirable.

Le Congrès a décidé d'adopter une nouvelle
appellation pour désigner nos institutions. Il a
éliminé la barbare et inexacte expression de post-
scolaire. Il n'a pas accueilli l'hybride assemblage,
plus euphonique mais tout aussi inexact, de péri-
scolaire. Il a repoussé sans regrets des combi-
naisons latino-grecques, souvent aussi incorrectes
que prétentieuses.

L'expression nouvelle adoptée n'est composée
que par des mots français. Si la nouvelle désignation a été choisie dans notre belle, claire et
vénérable langue, c'est qu'on avait à déterminer
des œuvres éminemment françaises d'origine, sus-
ceptibles de se généraliser, disons mieux, ayant
l'ambition de s'universaliser.

Pour que le public auquel nous adressons notre
enseignement, comprenne le sens et le but de nos
institutions; pour qu'il les estime et pour qu'il les
aime, il était absolument indispensable de les
désigner par une appellation juste, élégante et
précise. C'est ce que votre Congrès a fait, sur
l'initiative personnelle de M. Yon, inspecteur
d'Académie, l'éminent organisateur du Congrès.

A l'avenir les expressions : « d'œuvres Post-

scolaires et d'œuvres Péri-scolaires », seront remplacées par la désignation de : « *Sociétés d'Instruction et d'Education Sociales* ».

Souhaitons pour la nouvelle désignation la for-
tune et surtout la vulgarisation qu'elle mérite.
Elle a nos sympathies. Elle a la clarté que nous
exigeons de tout ce qui est français. De plus, elle
est un hommage brillant, sincère et justifié, en faveur de notre langue maternelle.

Aimons-là, notre belle langue française. Auprès
de nos amis, comme auprès de nos ennemis, elle
possède une incontestable puissance et une autorité devant laquelle on s'incline. La dignité dont
la langue française est entourée à l'étranger, est
une consolation bien satisfaisante, aux déceptions
et aux amertumes des temps présents. Quand on
veut faire le bien en dehors de nos frontières,
c'est en français qu'on s'exprime.

Mesdames et chères Collaboratrices,

Par votre présence assidue aux réunions du
Congrès, vous avez imposé l'urbanité et la courtoisie à nos discussions, pourtant sans cesse
animées et parfois ardentes. Continuez toujours à
être les gardiennes fidèles de la littérature française. Autour de vous, bannissez impitoyablement
les expressions équivoques ou douteuses.

Quand les élégances de la forme littéraire sont
conservées avec soin, par le style et par la con-

versation, chacun de nous ne tarde à acquérir l'élévation de pensée qui est nécessaire à la vie sociale que nous rêvons.

Acceptez, je vous prie, ces quelques mots, comme un vœu d'extension et de prospérité, pour le développement des Sociétés d'instruction et d'éducation sociales de toute nature, qui viennent d'être étudiées en commun dans ce Congrès. Acceptez-les aussi comme un témoignage de confraternité pour nos collègues, et comme un hommage direct à nos éminentes, studieuses et modestes collaboratrices.

Les Sociétés post-scolaires de Marseille, qui ont donné le mandat à M. Henriet de les représenter au Congrès, approuvent chaleureusement tous les termes de la délicate allocution prononcée. Du reste, leur délégué était d'autant plus désigné pour prendre la parole, qu'il est Président de l'Université populaire : *Le Foyer du Peuple,* vice-président de l'Association Polymathique, professeur de géographie économique à la Société Académique de Comptabilité, membre des Conférences Populaires municipales, des Conférences Lakanal, des Amis de l'Instruction, et ancien prix d'honneur de l'Association Polytechnique de Paris.

Les travaux du Congrès de Montpellier seront consignés dans un recueil spécial, il en sera rendu compte lors de sa publication.

Comme complément aux délibérations du Congrès, le Conseil d'administration du *Foyer du Peuple* prie M. le Président et MM. les membres (section de Marseille) de l'Alliance pour la propagation de la langue française à l'étranger, de vouloir bien agréer la dédicace de l'allocution de leur Président. L'influence de la langue française est indéniable. C'est par une littérature estimée et par une corrrespondance correcte, que les mœurs, les relations commerciales et les produits industriels pourront pénétrer et s'acclimater dans les nations voisines, dans les colonies et dans les pays d'outre-mer.

Selon l'usage adopté par les délégations en matière de publications, le compte-rendu sommaire du Congrès de Montpellier a été communiqué au Président du Comité d'organisation, pour qu'il soit transmis au Secrétariat général à titre de document. Comme accusé de réception, le Président du *Foyer du Peuple* a reçu la lettre suivante :

MONTPELLIER (Palais de l'Université)

Congrès National des Œuvres Post-Scolaires

COMITÉ D'ORGANISATION

Montpellier, le 9 Août 1901.

A Monsieur Henriet,
délégué des Institutions marseillaises d'Ensei-
gnement professionnel et d'Education sociale :
la Société Académique de Comptabilité, l'Asso-
ciation Polymathique, les Conférences Popu-
laires municipales, la Société Lakanal et l'Uni-
versité populaire : "Le Foyer du Peuple".

Monsieur et cher Président,

Je vous remercie d'avoir bien voulu nous trans-
mettre un exemplaire du compte-rendu sommaire
rédigé par la délégation marseillaise, sur le Congrès des Œuvres post-scolaires tenu à Montpellier, ainsi que de la communication du texte de
l'excellente allocution que vous avez prononcée
et qui résume si clairement nos travaux.

Je crois, en effet, que nous n'avons point perdu
notre temps et que nos résolutions nous amène-

ront à la réalisation d'un nouveau progrès. Nous sommes très heureux de nous trouver en relation avec les Institutions d'Education sociale de Marseille, que vous avez si bien représentées à Montpellier. Je n'oublierai pas la part très active que vous avez prise à la discussion du rapport de la première Commission. Nous avons ensemble substitué la dénomination d'Education sociale à celle des œuvres post-scolaires, j'en suis très honoré.

Nos Associations montpelliéraines envoient un salut cordialement fraternel aux Institutions d'Enseignement professionnel et d'Education sociale de Marseille. Permettez-moi d'y joindre pour vous personnellement, avec nos meilleurs souvenirs, l'expression de ma vive sympathie.

YON,
Inspecteur d'Académie de l'Hérault,
Président du Comité d'organisation
du Congrès de Montpellier.

A titre de témoignage de sympathie pour ses collègues et de considération pour la Société des Amis de l'Instruction laïque de la rue Grignan, qui par son adhésion au Congrès de Montpellier, a accepté les décisions prises dans les Comités d'études, le *Foyer du Peuple* a envoyé la lettre suivante :

LE FOYER DU PEUPLE

Université Populaire des Travailleurs Marseillais

Marseille, le 1er Août 1901.

*A Monsieur le Secrétaire Général
de la Société des Amis de l'Instruction laïque
de la rue Grignan.*

Monsieur le Secrétaire Général,

Je vous remets ci-joint, *pour les archives de la Société*, le compte rendu sommaire des travaux du Congrès national des Œuvres Post-scolaires, tenu la semaine dernière à Montpellier.

Je vous prie, Monsieur le Secrétaire Général, d'agréer l'expression de ma considération distinguée.

JULES HENRIET,
Président du "FOYER DU PEUPLE"

Aux témoignages de sympathie et de considération exprimés par *Le Foyer du Peuple* à la Société des Amis de l'Instruction de la rue Grignan, son Conseil d'administration, sous la présidence de M. le Dr Monteux, a répondu l'inepte lettre suivante :

SOCIÉTÉ DES AMIS DE L'INSTRUCTION LAÏQUE
de la rue Grignan. — Marseille

Marseille, le 8 Août 1901.

A Monsieur le Président
de l'Université populaire : " Le Foyer du
Peuple".

Monsieur le Président,

Le Conseil d'administration de la Société des Amis de l'Instruction laïque de la rue Grignan, *a décidé, dans sa séance du 7 août 1901, de ne pas mettre aux Archives,* le compte rendu sommaire du Congrès des Œuvres post-scolaires, tenu à Montpellier, communiqué par *"le Foyer du Peuple"* : VU LE PEU D'INTÉRÊT *qu'il a pour la Société.*

Le *Président :* Dr MONTEUX,
Médecin Inspecteur des Écoles.

En réponse à l'étrange et inconvenante délibération du Conseil d'administration de la Société des Amis de l'Instruction de la rue Grignan, l'Université populaire : *"Le Foyer du Peuple"* a envoyé la lettre ci-après :

LE FOYER DU PEUPLE

Université Populaire des Travailleurs Marseillais

Marseille, le 10 Août 1901.

A Monsieur le Président
de la Société des Amis de l'Instruction laïque
de la rue Grignan.

Monsieur le Président,

L'Université populaire : *"Le Foyer du Peuple"*, vous accuse réception du compte rendu sommaire du Congrès national des Œuvres post-scolaires de Montpellier, que vous lui retournez, avec la mention à l'extérieur de l'enveloppe qui le contenait : *Le Conseil a décidé, dans sa séance du 7 août 1901, de ne pas mettre aux archives :* VU LE PEU D'INTÉRÊT *qu'il a pour la Société.*

Le compte rendu du Congrès avait été offert à la Société des Amis de l'Instruction laïque de la rue Grignan, à titre d'hommage par *"le Foyer du Peuple"*, ainsi que cela se fait par courtoisie, pour toutes les institutions similaires.

"Le Foyer du Peuple" n'est nullement surpris que le Président de la Société des Amis de l'Instruction laïque de la rue Grignan, *n'ait pu trouver*

de l'intérêt, au document qui lui avait été transmis, puisque la délégation de la Société envoyée au Congrès de Montpellier et dont le Président lui-même faisait partie, *n'a pas su accorder de l'intérêt*, aux délibérations prises par les commissions d'études : cette délégation s'étant éloignée momentanément de Montpellier, pour s'abstenir de participer aux travaux du Congrès.

La lettre de renvoi étant ouverte et sans enveloppe, elle ne possède aucun caractère privé, aussi *le Foyer du Peuple* pense que le Président de la Société des Amis de l'Instruction laïque de la rue Grignan, a eu l'intention de lui donner une grande publicité. Afin de seconder son désir, à titre de document, la lettre de renvoi sera jointe aux pièces du Congrès de Montpellier, pour être insérée dans le recueil où le compte rendu sera publié.

Le Secrétaire du "Foyer du Peuple",
EMILE ROUBAUD.

L'incident est provisoirement clos avec la Société des Amis de l'Instruction de la rue Grignan. Cependant afin que les étranges procédés du Président de cette Société soient appréciés, ils seront portés à la connaissance du Conseil de la Fédération des douze sociétés fonctionnant à Marseille.

10

Une lettre privée, émanant d'un sieur Johannès Merlat, poète à Saint-Etienne (Loire),
écrite pour diffamer un des membres du *Foyer
du Peuple*, a été rendue publique le 13 août,
par la lecture de son texte à l'Assemblée générale de la Société des Amis de l'Instruction de
la rue Grignan. *Le Foyer du Peuple* n'a pas à
répondre à cette vilenie, mais afin que MM.
Monteux et Johannès Merlat sachent ce qu'on
pense des diffamateurs et des personnes qui
communiquent des lettres privées, ou leur
conseille de lire dans ce volume : Annexe n° 2,
le haut de la *page 68* et Annexe n° 8, *page 128*,
Éducation sociale et morale publique : Du respect
dû à la correspondance privée et de l'immoralité sociale des diffamateurs.

UNION DES BANQUIERS
de Marseille et du Midi

SOCIÉTÉ
pour la Défense du Commerce de Marseille
FONDÉE EN 1869

12, Rue Cannebière, 12

Marseille, le 13 Juillet 1901.

MONSIEUR LE PRÉSIDENT,

L'Union des Banquiers de Marseille et du Midi, qui comprend l'unanimité des maisons de banque de notre ville, nous fait connaître que toutes celles-ci se proposent de fermer leurs portes à 6 heures du soir, pendant les mois d'été.

Mais, désireux de ne pas contrarier les clients qui ont pris l'habitude de venir à leurs guichets faire des opérations jusqu'à 7 heures

et même 8 heures du soir, les banquiers nous
prient d'interroger à ce sujet le Commerce et
l'Industrie de notre ville.

Nous venons donc vous demander, Monsieur
le Président, si vos adhérents verraient des
inconvénients à ce que la fermeture des maisons de banque de notre ville fut fixée, pendant les mois d'été, à 6 heures du soir.

Nous ne devons pas vous dissimuler que la
mesure proposée a toute notre sympathie et
que nous serions heureux de la voir se réaliser.

Aussi, nous vous serions très obligés, Monsieur le Président, de vouloir bien nous faire
connaître, dès qu'il vous sera possible, si l'avis
de vos adhérents lui est favorable.

Cette mesure serait très utile au personnel
des maisons de banque pendant les chaleurs
de l'été. Peut-être même, afin d'améliorer les
conditions de la vie de famille des employés,
plusieurs négociants songeraient-ils à suivre
cet exemple.

Vous comprendrez certainement le caractère d'urgence de la consultation à laquelle
nous vous avons conviés.

Nous vous remercions d'avance de l'empressement qu'il vous plaira de mettre à répondre
à notre demande, dont vous apprécierez le
caractère essentiellement humanitaire, et nous
vous prions d'agréer, Monsieur le Président,
l'assurance de notre considération la plus distinguée.

Le Président,
    Paul Fournier.

A Monsieur le Président de..., etc., etc.

UN VŒU HUMANITAIRE

L'Union des Banquiers de notre ville vient
de prendre l'initiative d'un vœu humanitaire
auquel nous ne saurions trop applaudir. S'ins-
pirant de ce qui se pratique déjà dans d'autres
pays et dans plusieurs grands centres commerçants de France, elle a adopté le principe
de la fermeture des maisons de banque à
6 heures du soir, pendant l'été. Mais, soucieuse

de ne mécontenter personne, l'Union des Banquiers désire subordonner à l'agrément du commerce local la mise en pratique de cette mesure. Elle nous demande donc si notre commerce local verrait un inconvénient à ce que les maisons de banque ferment leurs bureaux à 6 heures du soir, pendant l'été.

La Société pour la Défense s'occupe actuellement d'interroger dans ce sens les divers Syndicats et autres intéressés. Nous prions les personnes que la question concerne et qui n'auraient pas encore reçu de notre Société une interrogation directe, de considérer le présent avis comme en tenant lieu et de vouloir bien nous répondre en conséquence.

Nous aimons à espérer que les réponses seront favorables et qu'elles nous parviendront sans retard, afin que les employés de banque puissent profiter le plus tôt possible de cette mesure d'humanité.

(Journal Commercial et Maritime de la Société pour la Défense du Commerce et de l'Industrie. — N° 1662, Marseille, 12 juillet 1901.)

FÉDÉRATION DES EMPLOYÉS DE FRANCE

Congrès de Lyon

Le huitième Congrès national de la Fédération des Employés de France, s'est tenu à Lyon, les 15 août 1901 et jours suivants. Les questions soumises à l'examen du Congrès ont été excessivement nombreuses, ce qui a amené des délibérations peut-être un peu vagues et diffuses, mais quelques-unes d'entre-elles ont une importance qui n'échappera certainement pas aux observateurs attentifs, qu'ils fassent partie des Syndicats ouvriers ou des Syndicats patronaux.

Afin de renseigner ses adhérents et ses correspondants, le Conseil des Etudes de l'Université populaire : *Le Foyer du Peuple*, a par un classement qui émane de l'initiative d'un de ses membres, coordonné les principales questions présentées aux délibérations des

congressistes de Lyon. La classification rédigée
par le *Foyer du Peuple* se propose d'être aussi
rationnelle que possible, mais elle modifiera
sa méthode, selon les documents officiels qui
seront mis dans le public.

*Questions soumises au huitième Congrès, tenu à
Lyon, par la Fédération des Employés de
France, mises en ordre méthodique par le
FOYER DU PEUPLE de Marseille :*

1º **Conditions générales du Travail.** — 1º Journée
de huit heures et application de la loi du 2 novembre 1898. — 2º Fermeture à six heures du soir des
guichets de chargement du service des Postes. —
3º Interdiction des étalages commerciaux sur la
voie publique, après six heures du soir.

2º **Repos hebdomadaire.** — 1º Interdiction du travail du dimanche. — 2º Suppression le dimanche,
des distributions postales à domicile. — 3º Fermeture le dimanche, des Gares de marchandises
des chemins de fer ; des camionnages, des bureaux
de douanes et des entrepôts publics.

3º **Salaires.** — 1º Salaires fixés selon les besoins
de l'existence et non sur le travail exécuté. —
2º Salaires continués dans le cours des maladies.
— 3º Suppression des amendes de malfaçons et

des retenues sur les appointements. — 4° Interdiction du travail gratuit des apprentis. — 5° Interdiction du travail gratuit des employés surnuméraires des administrations industrielles et commerciales et des administrations de l'Etat. — 6° Interdiction d'accorder des emplois aux étrangers, dans les offices ministériels, tels que : courtiers maritimes, interprètes et traducteurs jurés. — 7° Interdiction aux fonctionnaires retraités de l'Etat, des départements et des communes, d'occuper aucun emploi rémunéré, pour services industriels, commerciaux et administratifs. — 8° Interdiction en Algérie, des tenues de livres, en arabe, en hébreux, ou en tout autre dialecte étranger ; que toutes les comptabilités publiques ou privées soient rigoureusement tenues en français.

4° **Assimilation des Employés aux Ouvriers.** — 1° Extension en faveur des employés, du bénéfice des lois ouvrières. — 2° Admission des employés aux bénéfices de la loi du 9 avril 1898, sur les accidents.

5° **Retraites ouvrières.** — 1° Refus de toute coopération des employés syndiqués, pour constituer un capital de retraite, par une retenue sur les salaires des intéressés. — 2° Suppression des pensions civiles et militaires, établies en faveur des fonctionnaires de l'Etat, des départements et des communes. — 3° Création d'une retraite uniforme pour toute personne âgée de 55 ans.

6° Travail des femmes. — 1° Règlementation du travail des femmes et des enfants, pour éviter l'abaissement des salaires des hommes. — 2° Restriction du travail des femmes, au point de vue de l'hygiène domestique, de la sécurité des familles, de la morale sociale et de l'équité en faveur des hommes. — 3° Salaire des femmes identique au salaire des hommes à travail égal. — 4° Interdiction du travail des femmes après le repas du soir, suppression rigoureuse des heures supplémentaires. — 5° Règlementation du travail des femmes-nourrices. — 6° Application énergique de la loi sur les sièges.

7° Jurisprudence. — 1° Extension de la juridiction prud'homale en faveur des employés. — 2° Révision de l'art. 2101 du code civil afin que les employés fussent assimilés aux gens de service pour les privilèges des créances. — 3° Révision des art. 549 et 551 du Code de Commerce pour l'assimilation des employés aux ouvriers en matière de créances privilégiées. — 4° Abrogation du paragraphe 1er de l'art. 634 du Code de Commerce pour la juridiction des affaires concernant les commis et employés. — 5° Interdiction des saisies-arrêt, au-dessous de 2,000 fr. — 6° Application intégrale de la loi du 27 décembre 1890. — 7° Modification de la répartition du XVe groupe au Conseil supérieur du Travail.

8° Politique générale. — 1° Accès des employés

syndiqués, présents sous les drapeaux, aux bénéfices et avantages, concédés aux membres de l'Association de la ville de garnison où ils font leur service. — 2o Etude d'une action uniforme à exercer sur tous les candidats aux fonctions électives, afin d'obtenir d'eux par avance, l'engagement formel de voter en faveur des réformes réclamées par les employés.

Les questions soulevées à Lyon, au huitième Congrès des Employés de France, sont très sensiblement les mêmes que celles qui ont été discutées l'année dernière au septième Congrès tenu à Paris, au Musée Social, dans le cours de l'Exposition. Bien que tous les considérants et vœux des précédents Congrès aient été officiellement présentés à M. le Ministre du Commerce, de l'Industrie et des Postes, aucune satisfaction n'a encore été donnée aux revendication de la corporation des Employés.

Si aucune des questions portées au programme du Congrès n'a reçu encore de solution, ne serait-ce pas parce que toutes sont présentées à la fois aux Pouvoirs publics ? Pour donner satisfaction à l'ensemble des vœux rédigés par la corporation des Employés, il faudrait provoquer une véritable révolution, non seulement dans les usages commerciaux, mais aussi dans l'organisation juridique et dans les relations sociales.

Ne vaudrait-il pas mieux procéder lentement, afin de pouvoir obtenir des résultats positifs ? Par cette méthode, on écarterait l'appréhension de troubles à apporter dans les mœurs.

La corporation des *Voyageurs et Placiers de Commerce,* s'est trouvée dans une situation analogue à celle des Employés de France, lorsqu'elle a rédigé les conclusions de son Congrès international. Sur l'avis personnel de M. Millerand, Ministre du Commerce, elle n'a sollicité la réalisation immédiate que de trois questions : elle s'en félicite, car à ce jour elle a reçu les satisfactions désirées.

Le neuvième Congrès de la Fédération des Employés de France se tiendra à Bordeaux, le 15 août 1902. Son programme sera publié dans le courant de l'année. *(C. f. — Archives et Bibliothèque de la Bourse du Travail de Marseille.)*

L'ENSEIGNEMENT DES ADULTES
ET L'ÉDUCATION POPULAIRE
en 1900-1901

RAPPORT DE M. ÉDOUARD PETIT
Inspecteur général de l'Instruction Publique

Chaque année, un rapport très circonstancié est présenté à M. le Ministre sur la situation en France de l'Enseignement des adultes et de l'Education populaire. Depuis sept ans, ce travail d'examen est confié à M. Edouard Petit. Par l'abondance des renseignements, publiés dans les rapports antérieurs, on pourrait croire que le sujet sera épuisé pour les rapports futurs. Il n'en est rien ; à chaque exercice nouveau, les remarques prennent une ampleur plus grande, soit pour les indications qu'elles donnent, soit pour les considérations sociales qu'elles suggèrent.

Dans une annexe comme celle-ci, à un mémoire rédigé sur un sujet rigoureusement déterminé, il n'est pas possible d'analyser le rapport de M. l'Inspecteur général. Mais afin de fixer les lecteurs sur l'importance de ce document, — qu'il est indispensable de lire en entier et d'annoter à tous les chapitres, si on veut se tenir au courant de l'extension des institutions populaires, — le Conseil des Etudes de l'Université populaire : *Le Foyer du Peuple* de Marseille a condensé la substance du rapport, en en dressant une table des matières. Les subdivisions du travail de M. Edouard Petit sont les suivantes :

1° Œuvres d'Enseignement. — 1° Cours d'adolescents et d'adultes. — 2° Cours de jeunes filles. — 3° La lecture publique; les bibliothèques. — 4° Les Conférences populaires. — 5° Les Sociétés d'instruction populaire. — 6° Les Universités populaires.

2° Œuvres Sociales. — 1° Mutualités scolaires. — 2° Associations d'anciens et d'anciennes élèves. — 3° Les patronages scolaires.

3° Les collaborateurs de l'œuvre. — 1° Nécessité d'une collaboration active. — 2° Les instituteurs et les institutrices.

4º **La Contribution financière.** — 1º Initiative privée; dons et libéralités. — 2º Cours payants. —
3º Subventions ; les Municipalités ; les Conseils
généraux ; l'Etat. — 4º Résumé.

Malgré l'abondance des renseignements donnés dans le rapport de M. Ed. Petit, on sent,
par la concision des indications, qu'on aurait
pu allonger considérablement le document et
que sur la totalité des notes recueillies dans
les tournées d'inspection, on n'en présente que
ce qui est rigoureusement indispensable pour
l'édification du public.

En ce qui concerne les œuvres post-scolaires
et les institutions sociales de Marseille, le
Foyer du Peuple croit pouvoir exprimer quelques petites critiques de détail.

Les cours d'adolescents et d'adultes de garçons et de jeunes filles, organisés dans les
Bouches-du-Rhône, n'ont aucune mention.
C'est heureux, car on n'aurait pu que faire
connaître leur déplorable état d'infériorité par
comparaison avec le mouvement général de
progrès signalé presque partout. Relativement
aux cours du soir des instituteurs et institutrices, les Bouches-du-Rhône sont peut-être à

placer au rang de ceux qui ont le moins de
prospérité. Ce ne sont pas les membres de
l'enseignement public qui sont à blàmer, mais
les municipalités qui se désintéressent réellement trop des services que les cours d'adultes
pourraient rendre au peuple.

Le rapport de M. Ed. Petit indique le succès
des *Lectures publiques* de l'Association Polytechnique de Marseille. Il doit y avoir là une
erreur typographique, le renseignement est
exact pour le fond, à n'en pas douter, mais il
se rapporte certainement à l'Association Polytechnique d'une autre ville, car à Marseille
cette institution là n'a procédé à aucune *Lecture publique* populaire qui soit à signaler.

Au chapitre des Conférences populaires, il
faut bien sincèrement regretter que M. Ed.
Petit n'ait pas dit un mot de la Société des
Conférences populaires Municipales de Marseille, ni de la Société Lakanal. Tout l'hiver
ces deux Sociétés ont organisé, souvent trois et
quatre fois par semaine, des réunions avec des
conférences, causeries, lectures, déclamations,
chants, orchestrations, projections, etc., devant
des auditoires qui, par les plus mauvais temps,

n'ont jamais eu moins de cent présences et qui souvent ont réuni plus de six cents personnes par séance.

Le chapitre des Sociétés d'instruction populaire attribue une belle part d'éloges à la *Société Académique de Comptabilité*. Ces félicitations sont méritées, car avec un budget des plus minimes, cette Société à Marseille, parvient à réaliser des merveilles pour le développement de l'enseignement professionnel commercial. Mais dans la nomenclature des Sociétés marseillaises, on serait heureux d'y voir en première ligne les cours du soir des *Mécaniciens et Chauffeurs de la Marine*, puis avec les sociétés similaires et en bonne place, les cours commerciaux de la *Société pour la Défense du Commerce* et les Cours communaux d'enseignement pratique.

Les Universités populaires ont été l'objet de l'attention de M. l'Inspecteur général. Les phases par lesquelles ont passé ces institutions là, sont suffisamment indiquées dans les différentes annexes du présent mémoire, pour qu'il soit nécessaire d'en parler plus longuement.

Le rapport de M. Ed. Petit donne d'amples

et curieux renseignements sur l'extension des *Mutualités scolaires* et sur les essais de *patronages laïques*. Il se termine par des vœux pour l'avenir des institutions présentées au public. L'Université populaire : *Le Foyer du Peuple* de Marseille, joint ses vœux à ceux qui sont exprimés, pour la prompte réalisation des perfectionnements désirés et il présente de bien sincères félicitations à M. Ed. Petit, pour le substantiel, captivant et patriotique travail qu'il a communiqué à M. le Ministre de l'Instruction publique (*C. f.* — *Journal Officiel de la République française.* -- *19 août 1901.*)

DÉFENDONS-NOUS

Appel, Excuse et Hommage
à la Société pour la Défense du Commerce de Marseille

La bibliothèque de l'Université Populaire : *Le Foyer du Peuple* a reçu le don gracieux d'un exemplaire du récent ouvrage publié par M. Adrien Artaud. De la part du Conseil des Etudes de l'Université populaire, il était d'abord courtois de lire le travail offert, ensuite il était de son devoir de le critiquer, en faisant ressortir pour le public ce qu'il pourrait trouver d'avantageux dans ce livre, pour justifier l'importance économique des institutions d'éducation sociale, organisées récemment dans les principaux centres urbains.

Au premier aspect, le titre de *Défendonsnous* paraît combatif et même agressif ; il se

traduit volontiers par le sous-entendu : *Atta-*
quons-les. Par bonheur, les premières lignes de
la préface expliquent le titre : il n'y a là
qu'une des contractions expressives et énergiques, telles que l'auteur les aime, résumant
en deux mots le titre fort long et peut-être un
peu vague de "Société pour la Défense du
Commerce de Marseille".

L'ouvrage de M. Artaud est avant tout un
livre d'actualité. Il traite de beaucoup de
choses, il examine de nombreuses questions,
il propose quelques solutions, mais à dessein,
pour certaines situations des plus graves ou
des plus irritantes, il laisse le lecteur méditer
lui-même sur le choix des décisions à prendre.

Comme document annexe au *Mémoire sur la*
réforme des Usages marseillais, une analyse
totale de *Défendons-nous* ne serait nullement
justifiée. Il y a lieu de ne s'arrêter, dans le
volume examiné par le *Foyer du Peuple,* qu'aux
questions se rapportant le plus directement
aux Employés de Commerce.

M. Artaud a très judicieusement subdivisé
le corps de son ouvrage. Des titres abondants,
des désignations très claires et un classement

bien ordonné, permettent de retrouver facilement les articles spéciaux, qu'une première lecture a notés à la hâte.

L'analyste, afin d'être bref, ne s'est attaché dans cet article qu'au premier paragraphe du chapitre des QUESTIONS THÉORIQUES SOULEVÉES A PROPOS DU FONCTIONNEMENT DES ROUAGES DU TRAVAIL. Ce paragraphe a pour titre : *Un aspect et une solution de la question ouvrière ;* il renferme des aperçus originaux, mais en même temps il nécessite de nombreuses réserves. L'auteur a des idées préconçues sur certaines des situations sociales, appelées à se transformer le plus prochainement. Cependant, après une étude réfléchie des opinions exposées, on constate que les idées émises dans *Défendons-nous* ne procèdent ni de vues étroites, ni de préjugés intransigeants.

Comme solution aux inquiétudes économiques présentes, M. Artaud dit : « Pourquoi ne pas pousser à la création d'écoles professionnelles, perfectionnant le travail dans chaque branche de l'activité ?

« Que ne pousse-t-on l'ouvrier vers le travail intelligent, le travail de l'élite à laquelle l'ou-

vrier français doit désirer appartenir et dans
laquelle il lui est loisible d'entrer?

« Le jour où il en sera là, ses salaires repré-
senteront la prime d'assurance du risque des
accidents du travail, comme ils représentent
déjà la destruction lente et progressive de
l'ouvrier, inhérente à toutes les professions. »

A cela, les personnes timorées ou inconsé-
quentes objectent qu'on ne peut pas n'em-
ployer qu'une élite. De plus, si tous les ouvriers
deviennent ce que l'on rêve, la concurrence
qu'ils se feront entre eux les amènera aux
mêmes misères que présentement.

« C'est une erreur, répond M. Artaud, car
si nos commerçants étaient mieux secondés,
leurs produits passeraient au dehors avant
tous les autres, et notre industrie procurerait
du travail à tous ceux qui lui en demande-
raient ; mais il y a plus ; et nos ouvriers
pourraient aller soit dans nos colonies, soit à
l'étranger, représenter l'état-major du travail
et y gagneraient ce à quoi leur donnerait leurs
aptitudes.

« Cette solution étant "simple et pratique",
personne n'y pensera et l'on préférera semer

tous les jours plus d'opposition entre des intérêts, qui non seulement devraient s'entendre,
mais qui sont esssentiellement solidaires. »

En supposant que personne ne pensera à la
solution "simple et pratique" qu'il expose,
M. Artaud se trompe. Les sociétés populaires
d'éducation sociale et le *Foyer du Peuple* est
de celles-là, ne songent qu'à cette solution.
C'est la mission qu'elles se sont proposée et à
laquelle elles travaillent constamment.

Pourquoi donc cette solution "simple et
pratique" n'est-elle pas encore adoptée ? Tous
les travailleurs la sollicitent, qu'ils soient
ouvriers manuels ou ouvriers de l'intelligence.
Si cette solution n'est pas encore vulgarisée
comme elle le mérite, c'est que les groupements d'Études sociales, quand ils viennent se
présenter auprès des patrons, ou autres représentants du principe autoritaire, pour les prier
de les aider à préparer des conciliabules d'entente, destinés à permettre au Travail et au
Capital de se mettre d'accord, ils ne sont reçus
qu'avec indifférence ou dédain, quelquefois
même avec mépris.

Quotidiennement des sociétés comme le *Foyer*

du Peuple, ou des institutions similaires organisées dans un but analogue, disent aux personnes qui ont de l'influence sur la direction
des usages d'une population : « Votre maison
de commerce est une des premières de la place,
elle fait des transactions considérables, elle
occupe un nombreux personnel. Pour avoir la
sécurité sociale que vous recherchez en vain,
dès maintenant, au lieu de retenir vos auxiliaires jusqu'à huit ou neuf heures du soir et quelquefois plus, fermez vos bureaux, comptoirs
et magasins, non pas à cinq heures comme
dans la travailleuse nation anglaise, ce qui
serait l'idéal, mais à six heures du soir, ce qui
est acceptable.

« Par la mesure qui vous est proposée, votre
personnel aura des loisirs, il suivra les cours
professionnels actuellement établis dans tous
les quartiers des villes, cours qui périclitent
souvent faute d'auditeurs, malgré le talent, le
dévouement et l'expérience des professeurs.

« Vous aurez alors un personnel de collaborateurs plus instruits, il fera en huit heures
de présence dans vos locaux, de la besogne
plus intelligente et plus effective, qu'il n'en

produit actuellement pendant les dix ou douze
heures où vous les détenez. Vos collaborateurs
alors, au lieu de manifester contre vous et
l'état social présent, des sentiments de haine
ou d'irritation, vous témoigneront du dévouement et de la sincérité. Ils vous exprimeront
tous les sentiments, de personnes qui jouissent
sans contrainte de la vie de famille. En accor-
dant cette mesure libérale et juste, vos auxiliaires pourront prétendre à un nouvel idéal par
une permanente culture intellectuelle. »

Après avoir lu le livre qui lui a été offert
par M. Artaud, *le Foyer du Peuple* est en droit
de dire aux grands commerçants de Marseille,
aux banquiers et à tous les manufacturiers,
qui suivent encore les vieux errements des
temps passés : « Le langage que tient notre
institution, c'est la pensée d'un des vôtres qu'il
exprime. Vous félicitez l'auteur quand il écrit,
vous l'applaudissez quand il parle, vous mettez
votre confiance dans son savoir, en le plaçant
à la tête de vos assemblées économiques pour
qu'il les préside et en dirige les débats. Suivez
ses conseils : les sociétés d'éducation sociales
les approuvent. C'est une solution "simple et

pratique" qui est préconisé dans *Défendons-nous*. C'est une solution de prospérité et de sympathie. C'est une solution de paix et d'union.

L'analyste de *Défendons-nous* a extrait un grand nombre de notes du volume publié par M. Artaud. Il a consigné ses remarques, dans un recueil spécial, placé aux archives de l'Université populaire. Chaque fois que cela sera opportun, le recueil des remarques sera consulté ; on y trouvera des documents positifs et bien observés, qui pourront servir, cela est certain, à l'établissement des réformes mises à l'étude par la société d'éducation sociale : l'Université populaire *Le Foyer du Peuple* de Marseille.

TABLE DES MATIÈRES

PREMIÈRE PARTIE. — *MÉMOIRE*

DEUXIÈME PARTIE. — *ANNEXES*

MARSEILLE. — Imp. Vve L. Sauvion et fils, 11, rue de la Paix.

www.ingramcontent.com/pod-product-compliance
Lightning Source LLC
Chambersburg PA
CBHW072355200326
41519CB00015B/3771